Lieblingsplätze

RUND UM BERLIN

Lieblingsplätze

RUND UM BERLIN

GMEINER

INKA CHALL

Autorin und Verlag haben alle Informationen geprüft. Gleichwohl wissen wir, dass sich Gegebenheiten im Verlauf der Zeit ändern, daher erfolgen alle Angaben ohne Gewähr. Sollten Sie Feedback haben, bitte schreiben Sie uns! Über Ihre Rückmeldung zum Buch freuen sich Autorin und Verlag: lieblingsplaetze@gmeiner-verlag.de

Aus Gründen der Lesbarkeit und Sprachästhetik wird in diesem Buch das generische Maskulinum verwendet. Mit der grammatischen Form sind ausdrücklich weibliche sowie alle anderen Geschlechtsidentitäten mit berücksichtigt, insofern dies durch die Aussage geboten ist.

Besuchen Sie uns im Internet:
www.gmeiner-verlag.de

1. Auflage 2023

Im Ehnried 5, 88605 Meßkirch
Telefon 07575/2095-0
info@gmeiner-verlag.de

Lektorat/Redaktion: Anja Kästle
Herstellung: Julia Franze
Bildbearbeitung/Umschlaggestaltung: Susanne Lutz
unter Verwendung der Illustrationen von © SimpleLine, adidesigner23 – stock.adobe.com; Susanne Lutz
Kartendesign: © Maps4News.com/HERE
Druck: AZ Druck und Datentechnik GmbH, Kempten
Printed in Germany
ISBN 978-3-8392-0385-9

Vorwort • Vom Zeitenwandeln
Spazierend entdecken 10

AM RANDE DER STADT

1 **Berlin/Wedding** • Humboldthain
Über Welten 15

2 **Mühlenbecker Land** • Tegeler Fließtal
Wanderlust 17

3 **Berlin/Mahlsdorf** • Gründerzeitmuseum im Gutshaus Mahlsdorf
Schillernde Klänge 19

4 **Berlin/Köpenick** • Altstadtcafé Cöpenick
Einmal Mohnfinsternis, bitte 21

5 **Berlin/Köpenick** • Die *SpreeBanja* auf dem Müggelsee
Eine Nacht im Saunaboot 23

6 **Berlin/Treptow** • Strandbad Grünau
Einfach chillen 25

7 **Berlin/Treptow** • Späth'sche Baumschulen
Im Pflanzenrausch 27

8 **Berlin/Tempelhof** • Am Teltowkanal
100 Gesichter der Stadt 29

9 **Berlin/Lichterfelde** • TV-Asahi-Kirschblütenallee
Traum in Pink 31

10 **Teltow** • Bistro *Kleine Freiheit* am Stadthafen Teltow
Auszeit am Wasser 33

11 **Berlin/Zehlendorf** • Südlicher Abschnitt des Mauerwegs
Radelnd erinnern 37

12 **Berlin/Zehlendorf** • Die alte Stammbahn
Auf alten Gleisen 39

13 **Berlin/Zehlendorf** • Museumsdorf Düppel
Ausflug ins Mittelalter 41

14 **Berlin/Wannsee** • Hofanlage mit Café *Mutter Fourage*
Kultur, Kulinarik, Kunst 43

15 **Berlin/Wannsee** • Die Pfaueninsel
Von Märchen und Pfauen 45

16 **Berlin/Zehlendorf** • Domäne Dahlem
Gans und Gut 47

17 **Berlin/Grunewald** • Mahnmal »Gleis 17« am S-Bahnhof Grunewald
Innehalten 49

18 **Berlin/Grunewald** • Friedhof Grunewald-Forst
Endlich Frieden 51

19 **Berlin/Spandau** • Zitadelle
Die letzte Bastion 53

20 **Berlin/Spandau** • Gartenstadt Staaken
Gemeinsam statt einsam 55

INS BERLINER UMLAND

21 **Stahnsdorf** • Restaurant *Osteria Ballerino*
Ein Hauch von Ruhm 59

22 **Stahnsdorf** • Eiscafé Castagno
Der schönste Eisbecher 61

23 **Stahnsdorf** • Südwestkirchhof Stahnsdorf
Friedhofsleben 63

24 **Kleinmachnow** • Schleuse Kleinmachnow
Wasserwunder 65

25 **Kleinmachnow** • Panzerdenkmal
Pazifizierung eines Denkmals 67

26 **Potsdam** • Park Babelsberg
Spaziergang in die Vergangenheit 69

27 **Potsdam** • Kuppel der Kirche St. Nikolai
Ausblick mit Engel 71

28 **Potsdam** • Restaurant *Café à la Russe*
Das Beste vom Osten 73

29 **Potsdam** • Biosphäre Potsdam
Im Urwald 75

30 **Seddiner See** • Großer Seddiner See
Auf dem Trocknen 77

31 **Beelitz** • Baumkronenpfad Beelitz-Heilstätten *Baum & Zeit*
Auf alten neuen Wegen 81

32 **Schwielowsee** • Am Fähranleger Caputh
Der schönste Platz am Wasser 83

33 **Schwielowsee** • Seebad Caputh
Ein bisschen Ibiza 85

34 **Schwielowsee** • Japanischer Bonsaigarten in Ferch
Der kleinste Apfel 87

35 **Werder (Havel)** • Panoramaweg Werderobst ab Petzow
Auf saftigen Hügeln 89

36 **Werder (Havel)** • Insel Werder
Aufs Wasser kieken 91

37 **Werder (Havel)** • Havel-Therme
Tiefenentspannt 93

38 **Brandenburg an der Havel** • Cafébar im Brückenhäuschen
Heiße Schokolade mit Ausblick 95

39 **Brandenburg an der Havel** • Möpse in der Stadt
Vierbeinige Denkmale 97

40 **Ketzin/Havel** • Schloss Paretz
Noch Schloss, noch Hütte 99

41 **Wustermark** • Döberitzer Heide
Wildnisspaziergang 103

42 **Nauen** • *Frau Wesche's Waschhaus Café* in Ribbeck
Die schönsten Birnen 105

43 **Paulinenaue** • Flugplatz Bienenfarm
Hoch über dem Havelland 107

44 **Fehrbellin** • Kranichbeobachtung an den Linumer Teichen
Vögel des Glücks 109

45 **Kremmen** • Café-Pension *Alte Lebkuchenfabrik*
Im schönsten Café 111

46 **Löwenberger Land** • Kamelhof Nassenheide
Wüstenschiffe in Brandenburg 113

47 **Wandlitz** • Liepnitzsee
Karibik zwischen Buchen 115

48 **Bernau bei Berlin** • Schönower Heide
Lila Laune 117

49 **Bernau bei Berlin** • Spaziergang durch die Altstadt
Flugs ins Mittelalter 119

50 **Buckow** • Buckower Kleinbahn
Auf alten Gleisen 121

51 **Buckow** • Brecht-Weigel-Haus Buckow
Eine Villa am See 123

52 **Fürstenwalde (Spree)** • Oderbruchbahn-Radweg
Auf alten Trassen 127

53 **Rauen** • Rauener Markgrafensteine
Von Weltwundern und Superlativen 129

54 **Bad Saarow** • Stadtspaziergang
Unter Reichen 131

55 **Bad Saarow** • *KaffeeRösterei Bad Saarow*
Genuss oder Sucht? 133

56 **Königs Wusterhausen** • Weinladen am Kanal
Von guten Tropfen 135

57 **Baruth/Mark** • Bahnhof Klasdorf
Nächster Halt: Swing! 137

58 **Baruth/Mark** • Museumsdorf Baruther Glashütte
Kunst im Dorf 139

59 **Zossen** • Erlebnisbahn Zossen
Mit der Draisine unterwegs 143

60 **Zossen** • Bücher- und Bunkerstadt Wünsdorf
Zwischen Bunkern 145

61 **Ludwigsfelde** • Kristall Wohlfühltherme Ludwigsfelde
Wassermagie 147

62 **Trebbin** • Wildgehege Glauer Tal bei Blankensee
Vom Panzerplatz zum Biotop 149

63 **Trebbin** • Flugplatz Schönhagen
Lautlos dahingleiten 151

64 **Jüterbog** • Kloster Zinna
Bei beschwipsten Brüdern 153

65 **Jüterbog** • Landgasthof Jüterbog in Werder
Höfisch schlemmen 155

66 **Jüterbog** • Streckennetz *Fläming Skate*
Fahrrad olé 157

JANZ WEIT DRAUSSEN

67 **Rathenow** • Optikpark Rathenow
Gute Sicht 161

68 **Neuruppin** • Spaziergang durch Neuruppin
In der Fontane-Stadt 163

69 **Lindow** • Hausboot fahren
Einfach Brandenburg 165

70 **Zehdenick** • Ziegeleipark Mildenberg
Von Tönen und Ziegeln 167

71 **Zehdenick** • Vierseitenhof *Das Blaue Pferd* in Wesendorf
Ein Künstlerleben 169

72 **Templin** • Baumhaushotel Uckermark
Auf dem »Entenstrich« 171

73 **Angermünde** • UNESCO-Weltnaturerbe Buchenwald Grumsin
Buchen sollst du suchen 173

74 **Angermünde** • NABU-Naturerlebniszentrum
Blumberger Mühle
Mensch trifft Natur 175

75 **Chorin** • Kloster Chorin
Das schönste Kloster 177

76 **Neulewin** • Oderbruch und *Kolonisten-Kaffee*
in Neulietzegöricke
Wo die Sonne aufgeht 179

77 **Letschin** • Kulturhafen Groß Neuendorf
Traumhafte Aussichten 181

78 **Lübben/Spreewald** • *Hotel Strandhaus*
Boutique Resort & Spa
Im Herzen des Spreewaldes 183

79 **Luckau** • Spaziergang durch die Altstadt
Von Törtchen und Messen 185

80 **Bad Belzig** • Burg Eisenhardt
Hart gegen Eisen 187

SPAZIEREND ENTDECKEN

Vom Zeitenwandeln

Meine Liebe zum Entdecken begann mit Rückenschmerzen. Vor 15 Jahren lernte ich viel und verbrachte einen Großteil der Zeit am Schreibtisch, bis mein Körper streikte. Nur Spazierengehen brachte mir Linderung. Also lief ich.

Ich lief durch meine »Hood« Friedenau, durch Schöneberg, durch Kreuzberg und über das »Dreiländereck« hinaus. Ich lief weiter in den Grunewald und schaute mir die alten Villen an, fragte mich, wer da wohl früher gelebt hatte. Bei minus zwölf Grad stapfte ich durch Brandenburg, durch die schöne Schorfheide, entdeckte im tiefsten Winter das Kloster Chorin und dass man bei Eiseskälte besser keine Tomaten auf die Stulle legt. Im Frühling wanderte ich an unbekannten Seen entlang, aß Räucherfisch aus Aktenschränken, plauderte mit Dorfbewohnern und suchte mir Wege durchs Dickicht zum nächsten Bahnhof. Bewunderte alte Gutshäuser, verlassene Militärbasen und naschte auf alten Streuobstwiesen.

So wuchs meine Neugier auf Brandenburg und das Interesse, wie die Mark Brandenburg begann (falls Sie es nicht wussten: mit dem Schildhorn im Grunewald, wo der Slawenfürst Jacza von Köpenick einst seinen Schild und sein Horn an einen Baum hing und sich Albrecht dem Bären unterwarf). Denn alles, was heute ist, ist Geschichte. Wenn ich diesem Buch einen Untertitel geben sollte, würde er »Spuren« heißen. Spuren der Vergangenheit in die Gegenwart, und natürlich auch umgekehrt, wenn mir auf meinen Entdeckungstouren plötzlich ein Licht aufging.

Selten fügte sich so viel zusammen wie bei den Recherchen zu diesem Buch. Das mag auch daran liegen, dass ich seit fast 30 Jahren in Berlin lebe, seit über einem Jahrzehnt durch Brandenburg reise und seit fünf Jahren intensiv für Reiseführer recherchiere und immer mehr Teile zusammenpassen. Sie ergeben nie ein ganzes Bild, das wäre ja auch zu schade. Sie kennen bestimmt das Gefühl, wenn ein gutes Buch ausgelesen, ein schönes Puzzle fertig ist: Ein kleines Gefühl der Leere und die leicht erschreckende Erkenntnis, dass alles endlich ist. Brandenburgs Geschichten sind das zum Glück nicht. Sie werden immer weiter, immer anders erzählt, und niemand wird je alle kennen. Das ist schade und schön zugleich.

Deshalb ist dieses Buch eine Einladung, meinen vorgestapften Fußspuren zu folgen, selbst auf Entdeckungsreise zu gehen und eigene Eindrücke und Geschichten zu sammeln – dafür bieten sich diese Lieblingsplätze allemal an.

Einige Orte befinden sich noch innerhalb der Stadtgrenzen. Sie haben mich zu tief bewegt, um sie in einem Buch über das Berliner Umland und seine Geschichten auslassen zu können, befinden sich jedoch fast alle außerhalb des S-Bahn-Ringes. Andere Plätze benötigen eine längere Anreise – so bewegen wir uns vom Rande der Stadt ins Umland bis zu Lieblingsplätzen janz weit draußen (jwd) – doch es lohnt sich!

Lassen Sie die Kirschblütenblätter in Teltow auf Ihren Kopf regnen, entdecken Sie die Inschriften auf den Gräbern der geheimnisvollsten Friedhöfe der Stadt, kosten Sie Leckereien in den schönsten Cafés und spazieren Sie an der alten Stammbahn, der ersten Bahn Preußens, einmal selbst entlang. Probieren Sie georgischen Schokoladenwein und pflücken Sie Äpfel in Werder. Und vergessen Sie nie, mit den Menschen, die Sie vor Ort treffen, ein wenig zu plaudern. Manchmal ergibt sich ein ganz überraschendes Bild und einige lose Fäden werden neu zusammengeknüpft. Erleben Sie Ihre ganz eigenen Geschichten.

Die Spaziergänge waren übrigens der Beginn meiner Wanderleidenschaft. Ich lief den *Rheinsteig*, den *West Highland Way* in Schottland, den *Circuito Torres del Paine* in Chile, den *West Coast Trail* in Kanada, einen Teil des *Arctic Circle Trails* in Grönland. Doch nicht allein wegen des CO_2-Fußabdrucks zog es mich immer wieder zurück nach Brandenburg, und nach all diesen Jahren und vielen Ländern darf ich verraten: Der Berliner Speckgürtel und Brandenburg werden mir nie langweilig.

Am Ende dieser einleitenden Worte möchte ich noch ein Dankeschön an den Partner meines Lebens loswerden, der die beste Begleitung bei vielen meiner Streifzüge ist: Durch Dich wird alles etwas besser.

Nun ist es an Ihnen: Schmökern Sie durch die Seiten dieses Buches und machen Sie sich selbst auf den Weg. Ich wünsche Ihnen viel Spaß beim Entdecken!

Inka Chall

AM RANDE DER STADT

Herbstliche Aussicht auf Berlin

1

Humboldthain
Brunnenstraße
13355 Berlin

Berliner Unterwelten e.V.
Brunnenstraße 105
13355 Berlin
030 49910517
https://tickets.berliner-unterwelten.de

ÜBER WELTEN
Humboldthain

Den Humboldthain habe ich – wie so häufig bei verschiedenen Ecken Berlins – durch Langeweile für mich entdeckt. In der östlich angrenzenden Brunnenstraße starten die Touren des berühmten Vereins *Berliner Unterwelten* durch unterirdische Bauten der Hauptstadt. Vor einiger Zeit war es noch so, dass man keine Tickets vorab erwerben konnte, sondern sich tagesaktuell möglichst früh anstellen musste, um die besten Touren zu ergattern. Um die Zeit zwischen Ticketkauf und Tourbeginn zu überbrücken, wanderte ich eines Tages durch den ursprünglich um 1870 angelegten Landschaftspark und stieg auf dessen Flaktürme. Die Anhöhe, die diese Bauten trägt, mutet von unten recht unspektakulär an, bietet von oben jedoch einen beeindruckenden Blick über die Stadt.

Die ursprünglich zur Verteidigung Berlins in den 1940er-Jahren errichteten Flaktürme mit Tausenden Schutzräumen für die Zivilbevölkerung wurden nach dem Zweiten Weltkrieg von den Alliierten gesprengt. Die nahegelegene Bahnstrecke der heutigen Ringbahn verhinderte allerdings die Zerstörung der nördlichen Bunker. In den Nullerjahren sorgte der Verein *Berliner Unterwelten* dafür, die Bunker wieder begehbar zu machen. Eine steile Holztreppe führt auf die verschiedenen Plattformen der Türme hinauf. Die Nordseite wird heute zum Sportklettern genutzt und in den Türmen überwintert eine große Schar Fledermäuse – friedliche Zeiten für ein ehemaliges Kriegsgebäude.

Ganz oben thront eine große Aluminiumskulptur mit der Inschrift »Mahnmal der Einheit Deutschlands«, geschaffen vom Künstler Arnold Schatz und bereits 1967 aufgestellt, nur wenige Jahre nach dem Mauerbau. Warum so ein kritisches Kunstwerk die Zeit überdauern konnte, bleibt wohl ein Geheimnis. Die Aussicht auf Berlin ist neben der vom Drachenberg im Grunewald eine der schönsten der Stadt.

Der Verein *Berliner Unterwelten* bietet regelmäßig Führungen in den Bunkern unter den Flaktürmen sowie noch viele weitere unterirdische Erlebnisse in Berlin an.

2

Tegeler Fließtal
Startpunkt: S-Bahnhof
Mühlenbeck-Mönchmühle
Am Fließ
16567 Mühlenbecker Land

Gemeinde
Mühlenbecker Land
Liebenwalder Straße 1
16567 Mühlenbecker Land
033056 8410
www.muehlenbecker-
land.de

WANDERLUST

Tegeler Fließtal

Eine meiner liebsten Berliner Wanderungen führt durch das Tegeler Fließtal. Halb in Berlin, halb in Brandenburg marschiert man vom S-Bahnhof Mühlenbeck-Mönchmühle in 18 Kilometern zum Tegeler See durch Obstplantagen, Wildwiesen, Feuchtgebiete und schöne Wälder. Der krönende Abschluss sind waschechte Wasserbüffel auf den Wiesen kurz vor dem Tegeler See.

Kurz hinter Mönchmühle geht es durch die Niedermoorwiesen des Tegeler Fließes. Seit einigen Jahren erhalten Freiwillige die schöne Kulturlandschaft aus den 1950er-Jahren mit vielen alten Apfelsorten. Bald ist man in Alt-Lübars, einem der ältesten erhaltenen Dorfkerne innerhalb der Berliner Stadtgrenze. Anschließend verläuft die Tour weiter entlang der Berlin-Brandenburger Grenze bis in die Eichwerder Moorwiesen – mein Highlight. Wer nicht so lange wandern will, fährt vielleicht einfach mal her, denn dieser schönste Abschnitt der Route führt über einen langen Bohlenweg durch ein Schutzgebiet mit einer erstaunlich spektakulären Wasserlandschaft. Hier tummeln sich viele Amphibien und Vögel, mehr und weniger dichter Bewuchs lässt Beobachtungen zu, und auf Schildern wird über Flora und Fauna informiert. Daher unbedingt ein Fernglas mitnehmen oder auf den vielen Bänken verweilen.

Der restliche Weg bis zum Tegeler See ist halb städtisch, halb naturgeprägt und leitet durch das feuchte Bachtal. Die Wasserbüffel sorgen seit einigen Jahren erfolgreich dafür, dass die Vegetation nicht zu dicht wird. Achten Sie auf die Schilder, dann haben Sie gute Chancen, die Büffel zu sehen. Allerdings werden die Tiere nur im Sommer zu den Wiesen gebracht.

Am Waidmannsluster Damm angekommen, ist die beste Option, rechts den Nordgraben hinunterzuwandern und am Tegeler See mindestens ein Eis zu essen.

Zum Holzbohlenweg in den Eichwerder Moorwiesen geht's über den Eichwerder Steg, ausgehend von der Straße Am Rohrbusch 1, 13469 Berlin.

3

Gründerzeitmuseum im Gutshaus Mahlsdorf
Hultschiner Damm 333
12623 Berlin
030 5678329
www.gruenderzeitmuseum-mahlsdorf.de

SCHILLERNDE KLÄNGE

Gründerzeitmuseum im Gutshaus Mahlsdorf

Von außen verrät das Gutshaus Mahlsdorf nichts über die schillernden Geschichten, die in ihm schlummern. Von der Straße ist es nicht einmal zu sehen. Doch wer das Leben der ersten bekannten Transfrau der DDR, Charlotte von Mahlsdorf, verfolgt hat, weiß, was sich hinter dem alten gusseisernen Tor befindet: Das von Charlotte geschaffene Gründerzeitmuseum. Seit ihrem 18. Lebensjahr trug sie von Haushaltsauflösungen Einrichtungsgegenstände im Gründerzeitstil zusammen, als dieser in den 50er- bis 70er-Jahren weniger gefragt war. 2002, nach dem Tod Charlottes, übernahm ein Förderverein die Leitung des Museums.

Ich bin mir nicht sicher, weshalb ich Ihnen diesen Ort eher empfehlen soll: Wegen des unglaublichen Museums, das hier schlummert, oder wegen Charlotte selbst. Sicher ist: Wenn Sie eine Führung mitmachen (und das sollten Sie unbedingt!), bekommen Sie diese genau so, wie Charlotte einst ihre Gäste durch das Museum führte. Das Highlight sind die unzähligen Musikmaschinen: vom Edison Phonograph bis zum Pianola Piano und einem »Tanzsaalorchester«. Verschiedene Walzenspieluhren, von denen ich bislang noch nie gehört habe, führen ihre fantastischen Stücke auf. Nacheinander und in jedem farblich anders gestalteten Raum voller schwerer Holzmöbel ertönt die *Berliner Luft*, *Die Loreley* und Stücke aus dem Film *Die Drei von der Tankstelle*.

Charlotte versammelte stets interessante Menschen um sich, sogar Astrid Lindgren war bereits hier. Rosa von Praunheim drehte den Film *Charlotte in Schweden* über sie, Doug Wright schrieb das Theaterstück *I Am My Own Wife*. Das Museum ist eine Hommage an die Erfinderin, die einst das Gutshaus vor der Sprengung rettete. Gerecht werden kann das alles der kontroversen Persönlichkeit allerdings nicht. Dazu bräuchte es wohl weitere fünf Gutshäuser und Filme. Mindestens.

Die Führungen werden während der Öffnungszeiten durchgängig angeboten, Sie steigen einfach dort ein, wo die Führung gerade ist. So gibt es keine Wartezeiten.

4

Altstadtcafé Cöpenick
Alt-Köpenick 16
12555 Berlin
030 65474069
www.altstadtcafe.de

EINMAL MOHNFINSTERNIS, BITTE

Altstadtcafé Cöpenick

Mit einer Freundin streife ich durch Köpenick auf der Suche nach einem schönen Café für eine kurze Auszeit. Bisher passt nichts zu meinem Gefühl von alter Geschichte. Schließlich haben wir zuvor das Barockschloss und das Rathaus besucht, Letzteres wurde noch vor der Gründung Groß-Berlins im brandenburgischen Cöpenick erbaut, und mehr über den Hauptmann von Köpenick erfahren, berühmteste Legende und reale Figur der Stadt. Da fällt mein Blick auf den Eingang des Altstadtcafés Cöpenick schräg gegenüber dem Rathaus. Altbackene Spitzenvorhänge vor den Fenstern beflügeln mein Klischee von guter, alter Backwerkkunst.

Verträumt wie der Stadtteil Köpenick selbst, ist der Besuch im Altstadtcafé wie eine kleine Reise in die Vergangenheit. Man muss sich darauf einlassen – auf Omas Gardinen, Schwarz-Weiß-Bilder an den Wänden, Holztäfelung und die Garderobe der Bedienungen aus dem letzten Jahrhundert.

Im Hintergrund läuft Musik der 1960er-Jahre mit *Sweets for my Sweet* und *Mr. Tambourine Man,* und beim Blick in die Karte ist alles klar: Hier sind wir richtig. Kaffeevariationen mit Namen wie *Bauchtanz, Rote Socke* oder *Weitsprung* werden angeboten; auf der Seite »Likörchen« finde ich das Danziger Goldwasser, habe das Lachen meiner Oma im Kopf und erinnere mich, wie ich als kleines Mädchen nicht glauben konnte, dass meine Großeltern eine Flasche mit echtem Gold drin besitzen. Ich entscheide mich für ein Tortenstück der *Mohnfinsternis*, meine Freundin nimmt einen *Angsthasen,* und als die riesigen Stücke kommen, bedauern wir, zu Mittag gegessen zu haben. Was der geheimnisvolle *Stichpimpulibockforcelorum* ist, werde ich an diesem Tag wohl nicht mehr erfahren.

Gleich gegenüber können Sie sich die Geschichte vom Hauptmann von Köpenick per QR-Code erzählen lassen. Es lohnt sich!

5

SpreeBanja
Müggelseedamm 58
12587 Berlin
0178 2876647
www.spreebanja.de

Eine Nacht im Saunaboot

Die *SpreeBanja* auf dem Müggelsee

Ganz im Osten Berlins, wo die Grenze zu Brandenburg einen seltsamen Nasenknick macht, liegt er noch auf dem Hauptstadtgebiet: der Müggelsee. Größter See Berlins, gespeist aus der Spree. An warmen Sommertagen tummeln sich die Menschen in den drei Standbädern, davon ist eines in DDR-Kultur als FKK-Bad ausgewiesen. Köpenick, wo der Hauptmann sein Unwesen trieb, liegt in der Nähe.

Wer den Müggelsee so richtig genießen will, kommt über Nacht. Seit einiger Zeit ankert hier die *SpreeBanja*, ein Hausboot mit Sauna und echtem Holzofen. Mit einer Freundin habe ich mich eingemietet und wir sind mit dem Erfinder des schwimmenden Häuschens unterwegs auf dem See. Lange hat er an der Idee und dem Hausboot getüftelt. Seit vielen Jahren ist er schon Bootsvermieter und Saunaliebhaber, da lag die Kombination irgendwann nahe.

Wir bekommen einen Sekt und eine ausführliche Einweisung, dann ist uns die *SpreeBanja* überlassen. Wir dürfen uns nun nach Herzenslust austoben: nackig machen, die Sauna anfeuern, die leckeren Früchte kosten, die für uns hingestellt wurden, in den Müggelsee hüpfen und uns anschließend aufs gemütliche Sofa fallen lassen. Letzten Endes springe ich doch nicht in den See, das Wasser ist mir am ersten April einfach zu kalt. Aber sich im Sonnenuntergang in die kühle Luft zu stellen und tief durchzuatmen, reicht schon aus. Wir schnacken und saunieren noch lange, bis uns das Boot müde schunkelt. Durch das Glas im Deck sehe ich beim Einschlafen die Sterne und überlege, dass ich hier besser noch eine weitere Nacht geblieben wäre.

Die Restwärme der Sauna sorgt für angenehme Temperaturen im Wohn- und Schlafzimmer bis zum frühen Morgen. Zum Frühstück geht's ab nach Köpenick.

Die *SpreeBanja* kann auch tagsüber und mit bis zu sechs Personen gemietet werden. Über Nacht lieber nur zu viert, es wird sonst arg eng.

6

Strandbad Grünau
Sportpromenade 9
12527 Berlin
030 98409432
www.strandbadgruenau.de

EINFACH CHILLEN

Strandbad Grünau

Zugegeben: Das Strandbad Grünau ist nicht unbedingt geeignet für den superspontanen Schwimmausflug. Ein Blick auf die Webseite ist vorher Pflicht, denn im Strandbad finden viele Veranstaltungen statt: Konzerte, Partys, Tanz-Workshops, Sommerkino – bezaubernder Sonnenuntergang über der Dahme, die hier wie ein riesiger See anmutet, inklusive.

Wer sich den Eintritt gönnen will – das Strandbad Grünau gehört nicht zu den günstigsten Strandbädern –, sollte sich besser gleich komplett vorbereiten: Einen Strandkorb zubuchen? Diese herrlichen Betten im Sand, auf denen man so schön und sandfrei chillen kann? Einen Schirm? Ein kleiner Tipp: Schirme mitzubringen wird nicht gerne gesehen. Das mag etwas abschreckend klingen, allerdings sorgen die strengen Reglementierungen, die überdies eigene Musik verbieten, letztendlich dafür, dass es hier äußerst harmonisch und friedlich zugeht. So wird das Strandbad auch nach dem jüngsten umfassenden Umbau von den Besuchern hochgelobt.

Die alten Gebäude muten hübsch retro an, sind aber innen modern und sauber. Der Strand ist tadellos, das Wasser ist wunderbar klar und auch Kleinkinder kommen am »Kinderstrand« auf ihre Kosten. Niemand nervt mit wummernden Bässen, und die Cabana, die Strandbetten, vermitteln ein wenig Ibiza-Gefühl. Mein persönliches Highlight ist eine Stunde »suppen« auf dem Paddleboard. Das ist hier sogar ein bisschen herausfordernd, weil ab und an größere Boote über die Dahme zischen und gar nicht so kleine Wellen verursachen. Anschließend geht's natürlich zu einem der Imbisse, das gehört irgendwie dazu. Und wer Glück hat und zur richtigen Zeit kommt, kann vielleicht noch ein Glas des beliebten Honigs *Strand.Biene* abstauben.

Kommen Sie besser mit den Öffentlichen (sehr bequem mit der Straßenbahn vom S-Bahnhof Grünau), es gibt wenig Parkplätze. Im Strandbad kann nur mit Karte bezahlt werden.

7

Späth'sche Baumschulen
Späthstraße 80/81
12437 Berlin
030 6390030
www.spaethsche-baumschulen.de

IM PFLANZENRAUSCH

Späth'sche Baumschulen

Ich könnte Ihnen jetzt verraten, dass die Späth'sche Baumschule in Treptow-Köpenick die älteste Baumschule Berlins ist. Dass sie um 1900 außerdem mit über 225 Hektar Fläche die größte Baumschule der Welt war. Und das wäre noch nicht alles an Superlativen. Sogar Reichskanzler Bismarck ließ sich hier in Gartenfragen beraten und setzte einen Baum.

Doch ich würde schwindeln, wenn ich behaupten würde, ich käme hier so gerne wegen der interessanten und langen Historie her. Tatsächlich streife ich gerne erst einmal zwischen den Pflanzen umher, spaziere zwischen den Stauden, danach an den Kräutern vorbei bis zu den Obstgehölzen, und stelle mir vor, dass ich einen riesigen Garten ausstatten dürfte. Dann würde ich vielleicht eine Zwerg-Sauerkirsche pflanzen und einen Herbst-Apfel, ganz sicher eines dieser zauberhaften Birnenspaliere. Anschließend schleiche ich in den Garten *Kräuter, Kunst und Krempel*, wo der Name Programm ist und ich mich mit Emaille-Eimern, alten Metallregalen und Kräutertöpfen eindecken könnte, wenn in meinem Fahrradkorb bloß noch Platz wäre. Im Skulpturengarten wünsche ich mir, genauso kreativ zu sein.

Doch all das müssen Sie wohl selber erleben. Erzählen kann ich Ihnen an dieser Stelle von der Geschichte dieses Kleinods. Die Gärtnerei wurde vor rund 300 Jahren gegründet, 1874 kam nach zwei Ortswechseln ein zauberhaftes Herrenhaus hinzu, in dem heute das Institut für Biologie der Humboldt-Universität einen Platz hat.

Die lange und teils leidvolle Vergangenheit können Sie beim Schlemmen im Späth'schen Gasthaus nachlesen: In der Speisekarte wurde die Historie liebevoll aufgearbeitet.

Nehmen Sie Bargeld mit, denn im Café, Hofladen und Kräutergarten kann man Beträge unter zehn Euro nur in bar bezahlen.

8

Abendstimmung am **Teltowkanal.** Nahebei liegt der **Tempelhofer Hafen**
Tempelhofer
Damm 227–235
12099 Berlin
www.industriekultur.berlin
www.tempelhofer-
hafen.com

100 GESICHTER DER STADT

Am Teltowkanal

Der Teltowkanal ist eine der großen Wasserstraßen Berlins. Er verbindet die Havel im Westen mit der Dahme im Osten und wird – das verrate ich ganz unter uns – komplett unterschätzt. Während sich am Landwehrkanal die Einheimischen und an der Spree die Touristen drängeln, herrscht am Teltowkanal herrliche Ruhe, was natürlich daran liegt, dass der Süden Berlins als tendenziell uncool angesehen wird.

Zugegeben, es gibt hier eher wenig hippe Locations, aber ein paar nette Plätze finden sich doch, wie zum Beispiel der schön ausgebaute Tempelhofer Hafen nahe der Ullsteinstraße oder der Teltower Hafen.

Dass der riesige Teltowkanal, ein Bauwerk von enormem Ausmaß, nach einem kleinen Dörfchen benannt wurde, ist übrigens ein Missverständnis. Noch bevor Groß-Berlin vor knapp über 100 Jahren gegründet wurde, lag das kleine Berlin eingequetscht zwischen den beiden großen Landkreisen Teltow und Barnim. Der Landkreis Teltow reichte damals von der Spree in Mitte bis in die Niederlausitz, der gleichnamige kleine Ort Teltow befand sich in der Mitte des Landkreises. Da lag es nahe, den neuen Großkanal nach dem Landkreis zu benennen. Nach und nach verlor der Kreis Gemeinden und Areale, übrig blieben der Landkreis Teltow-Fläming und das nun nicht mehr im Landkreis liegende Örtchen Teltow.

Am Teltowkanal kann man herrlich flanieren, spazieren, Fahrrad fahren, Brombeeren und Holunder sammeln, und ich gehe dort sogar kajaken. An ihm liegen die umstrittene Gartenanlage *Klein Moskau*, die Schleuse Kleinmachnow, die SCHUFA, ein Teil des Mauerweges und der Charité. Mal jwd (janz weit draußen), mal mitten in der Stadt: Der Teltowkanal zeigt 100 Gesichter Berlins. Mindestens.

Von der Schleuse Kleinmachnow bis zum Tempelhofer Hafen muss für eine gute Radstrecke häufiger die Seite gewechselt werden. Verwenden Sie zur Navigation die App *Komoot*.

9

TV-Asahi-Kirschblütenallee
Ostpreußendamm bis
Japan-Eck
12207 Berlin/14513 Teltow
www.hanamifest.org

TRAUM IN PINK

TV-Asahi-Kirschblütenallee

Frühling! Endlich dauert es nicht mehr lang bis zu einem der spektakulärsten Naturereignisse in der Hauptstadt: der Kirschblüte in der TV-Asahi-Allee zwischen Lichterfelde und Teltow. Ein pinker Blütentraum unter rund 1.000 Kirschbäumen, der vom Ostpreußendamm bis zum Japan-Eck reicht.

Den sperrigen Namen verdankt die Allee einem japanischen Fernsehsender, der 1989 »aus Freude über die Wiedervereinigung«, wie auf Schildern vor Ort zu lesen ist, japanische Bürger zu Spenden aufrief und so die 1,5 Kilometer lange Kirschblütenallee entlang des Mauerstreifens an der Grenze zu Teltow realisierte. In Japan wird die Sakura, wie die Kirschblüte dort genannt wird, hoch verehrt und löst alljährlich einen Tourismus-Boom aus. Das Wandeln unter der leuchtenden Pracht und die Freude darüber ist ein fester Bestandteil japanischer Kultur und hat dort sogar einen eigenen Namen: Hanami.

Ähnlich ist es mittlerweile in Berlin. Wer die Kirschblüte alleine genießen möchte, kommt besser sehr früh am Morgen unter der Woche, und selbst dann sind schon einige Hobbyfotografen unterwegs. Oder man schnappt sich einfach Picknickdecke, Kuchen und Tee und erfreut sich an der Szenerie. Denn eins ist klar: Kirschblüten machen glücklich. Wer mehr japanisches Flair schnuppern möchte, kommt zum Hanami-Fest, das einmal im Jahr rund um die Kirschblüte stattfindet. Das Fest ist beliebt und in der Regel sehr gut besucht. Man bringt leckere Speisen mit und picknickt unter den Bäumen oder bedient sich am Angebot japanischer Kulinarik. Auch Cosplay-Freunde kommen auf ihre Kosten: Figuren aus Manga und Anime lassen grüßen.

Nach etwa zwei Wochen ist die Kirschblüte schon wieder vorbei, übrig bleiben rosa Konfetti auf den Wegen und Dankbarkeit für dieses bezaubernde und nachhaltige Geschenk.

Die Kirschblüte findet in Berlin ungefähr Mitte April statt. Auf dem Instagramkanal der Stadt Teltow gibt es jährlich einen Live-Ticker, um den besten Zeitpunkt zu erwischen.

10

Kleine Freiheit
am **Stadthafen Teltow**
Zeppelinufer 1
14513 Teltow
www.kleine-freiheit-teltow.de
www.teltow.de

AUSZEIT AM WASSER

Bistro *Kleine Freiheit* am Stadthafen Teltow

Das Limette-Minz-Eis schmilzt schneller, als mir lieb ist. Ich schieße schnell ein Foto und lasse mich in einen der Liegestühle direkt am Wasser fallen. Ruhe. Die Sonne scheint mir ins Gesicht, ein Frachter schiebt sich langsam vorbei. Ab und an ein Wiehern von der Pferdekoppel gegenüber. Ist das traumhaft hier.

Der Teltower Hafen war viele Jahre lang Streitgespräch, kostete er doch viel Geld und natürlich wieder einmal mehr als ursprünglich geplant, denn der Boden war belastet. Also wurde großzügig ausgebaggert, die Stadt Teltow übernahm einen Großteil der Kosten. Ob der Hafen die erhofften Millionen über Liegegebühren einnimmt, darf kurzfristig bezweifelt werden. Sicher aber ist das beschauliche Teltow um eine Attraktion reicher und die Hafenplätze sind von teuer aussehenden Segelbooten gut besetzt, als ich vorbeischaue. Das Bistro *Kleine Freiheit* passt perfekt hierher, es gibt ein paar Kleinigkeiten zu essen, leckere Fischbrötchen, eine gute Getränkeauswahl und das beste Eis Brandenburgs von den *IceGuerillas* aus Beeskow. Durch meine Freude über das Eis komme ich ins Plaudern mit der Unternehmerin. Das Bistro werde gut angenommen. Für mich kein Wunder, dieser Ort ist einfach herrlich.

Mit einem Kaffee sitze ich noch eine Weile und genieße das Spätsommerlicht. Gleich mache ich noch einen Spaziergang durch Teltows hübsche Altstadt nebenan. Oder ich bleibe einfach und freue mich, dass die Endlosbaustelle endlich fertig ist und uns so ein hübsches Plätzchen am Rande Berlins beschert hat. Schon morgen werde ich wieder hier sein zum jährlichen *Rock am Kanal*, bei dem alle Einnahmen einem karitativen Zweck gespendet werden. Das Fest wird dieses Mal allerdings so voll sein, dass ich nicht mehr hineinkomme. Man merkt, die Teltower haben Lust zu feiern.

Einmal im Jahr ist in der Altstadt Teltows der *Tag der offenen Höfe*, an dem man in viele Privatgärten schauen darf – Live-Musik inklusive. Es lohnt sich!

Im Kiez von Köpenick stehen noch viele alte Fischerhäuser

11

Mauerweg
Startpunkt südlicher Abschnitt, von West nach Ost: Übergang Machnower Straße/Zehlendorfer Damm
14165 Zehlendorf
www.berlin.de/mauer/mauerweg

RADELND ERINNERN

Südlicher Abschnitt des Mauerwegs

Es soll ja Einheimische geben, die noch nie auf dem Berliner Mauerweg unterwegs waren. Dabei ist er einer der schönsten Wander- und Radwege der Region. Finde ich jedenfalls, seitdem ich ihn selbst vor wenigen Jahren entdeckt habe und mehrfach gefahren bin.

Einmal rund um das damalige West-Berlin zeichnet der Weg ziemlich genau die ehemalige Berliner Mauer nach. Insbesondere der südliche Teil führt durch schönstes Grün. Schon zu Fuß ist der Weg ein echtes Highlight, mit dem Fahrrad schafft man mehr und staunt, wie unterschiedlich auf so kurzer Strecke die Landschaften und Ansichten der Hauptstadt sein können. Der schönste Abschnitt beginnt im Süden am Teltowkanal und hat seinen ersten Höhepunkt an der TV-Asahi-Kirschblütenallee in Teltow, die, wenn man zur richtigen Zeit etwa Mitte April dort ist, ein wahres Feuerwerk an zartrosa Blüten entfacht. Doch Vorsicht, diese Pracht bewundern außer Ihnen noch Hunderte anderer.

Weiter geht's gen Osten durch Birkenwäldchen und an Feldern vorbei, unbedingt mitnehmen sollten Sie noch den *Dörferblick* in Rudow. Die Aussicht von der ehemaligen Müllhalde ist heute weniger wegen der verschwundenen Dörfer, sondern eher wegen des guten Blicks auf den Flughafen BER und die Gropiusstadt lohnenswert.

Der Mauerweg ist gleichsam Mahnmal, das versteht sich von selbst. Es fällt nicht immer leicht, die knapp formulierten Geschichten an den Gedenkstelen zu lesen, die erahnen lassen, welch schreckliche Ereignisse hier stattgefunden haben und wie viel Leid die Mauer gebracht hat. Das viele Grün, das heute statt des kahl rasierten Todesstreifens wuchert, wirkt wie eine Handreichung, die sagen will: Erinnerung kann nicht vergehen, aber die Gegenwart sich wandeln.

Nehmen Sie sich etwas zu Essen und Trinken sowie eine Picknickdecke mit. Es gibt unzählige tolle Plätze am Wegesrand.

12

Alte Stammbahn
Startpunkt für Spaziergang am Gleis: Bushaltestelle Ludwigsfelder Straße
Berlepschstraße/
Ludwigsfelder Straße
14165 Berlin
www.stammbahn.de

Auf alten Gleisen

Die alte Stammbahn

»Die alte Stammbahn soll wieder leben!«, titelte kürzlich ein Lokalblatt. Doch bevor das in vermutlich zehn, 15 Jahren der Fall ist, um klimafreundliches Pendeln in die Hauptstadt zu ermöglichen, möchte ich Sie einladen, entlang der uralten und bedeutsamen Gleise zu schlendern. Das geht am besten vom Museumsdorf Düppel oder von der Bushaltestelle Ludwigsfelder Straße aus. Von dort folgen Sie der Clauertstraße und biegen bei der Querung der alten Gleisspuren über die Straße gen Südwesten auf den festgetrampelten Fußweg ein. Jetzt geht es immer geradeaus parallel zur Berlepschstraße.

Die alte Stammbahn ging 1838 als erste Eisenbahnstrecke Preußens in Betrieb. Sie verband die Residenzstadt Potsdam mit der preußischen Hauptstadt, die damals noch gar nicht Groß-Berlin war, sondern ein rasant wachsendes Klein-Berlin mit diversen Vororten. Seit 1945 ist die Strecke südlich von Düppel stillgelegt. In den 1960er-Jahren brachen zudem die Fahrgastzahlen auf der Strecke Düppel-Zehlendorf ein, nachdem der West-Berliner Bürgermeister Willy Brandt zum S-Bahn-Boykott der Reichsbahn aufgerufen hatte, um gegen den Mauerbau zu protestieren. 1972 wurde schließlich die letzte Teilstrecke bis Zehlendorf stillgelegt.

Die alte Gleisanlage ist linker Hand mal mehr, mal weniger zu sehen. Bald sind die Reste eines alten Bahnhofes zu erspähen. Über die Benschallee hinweg sind kaum noch Gleise vorhanden. Die Strecke, die hier entlang des ehemaligen Mauerstreifens führt, ist dennoch wunderbar geeignet für einen schönen Spaziergang. Nun können Sie sich entweder nach einiger Zeit links auf die Straße »An der Stammbahn« durchschlagen und durch das schöne Viertel zurückgehen, oder Sie schlendern einfach weiter bis zur Autobahn und nach links bis zum berüchtigten rosa Panzerdenkmal.

Wenn Sie sich leicht rechts halten, kommen Sie zum Königsweg, der die Grenze zwischen Berlin und Brandenburg markiert und bis zu den ehemaligen Exklaven »Steinstücken« und »Albrechts Teerofen« führt.

13

Museumsdorf Düppel
Clauertstraße 11
14163 Berlin
030 80496064
www.dueppel.de
www.stadtmuseum.de

AUSFLUG INS MITTELALTER

Museumsdorf Düppel

Im Jahr 1939 finden zwei ballspielende Jungs am Krummen Fenn ein paar Tonscherben. Einer zeigt sie zu Hause dem Nachbarn und dieser erkennt einige Muster auf den Scherben. Verzögert durch den Krieg dauert es bis in die 60er-Jahre, bis Ausgrabungen beginnen. Der Grundstein für die Erfolgsgeschichte eines der schönsten Museen Berlins.

Die untersuchten Ablagerungen und Überreste zeigen: In Düppel, ganz am Rande Berlins in Zehlendorf, befand sich im tiefsten Mittelalter eine alte, recht ärmliche Dorfanlage. Der Förderverein Museumsdorf Düppel setzte sich bereits seit 1975 für das Freilichtmuseum ein und baute ein ganzes Dorf wieder auf – heute als experimentelles Forschungszentrum, angegliedert an das Stadtmuseum Berlin in Zusammenarbeit mit der Freien Universität Berlin. Bei einem Rundgang über das großzügige Gelände finden sich verschiedene Wohnhäuser in einfacher Block- und Lehmbauweise, Getreide- und Heuspeicher, eine Schmiede und Töpferei sowie ein wunderbarer Naturgarten. Bei einer Führung, die im Eintrittspreis inkludiert ist, erfahre ich, dass hier absichtlich verschiedene Bauweisen vermischt wurden. Denn zur Zeit des Dorfbestehens etwa im 12. Jahrhundert trafen slawische, östliche und westliche Kulturen im Märkischen Sumpfgebiet aufeinander und brachten ihre Ideen und Überlebensstrategien zusammen. Man nutzte, was da und bekannt war, und schaute sich Bewährtes von Nachbarn ab.

Auf dem Gelände befindet sich zudem die originale Fundstelle eines alten Teerofens. Mit dem gewonnenen Teer konnte gut Handel betrieben werden. Außerdem werden die Vorfahren unserer Honigbienen erklärt, es gibt eine Imkerei, verschiedene Tiere und unzählige Workshops vom Korbflechten und Wolle färben über Bierbrauen bis zur Permakultur. Alles werden Sie nicht an einem Tag schaffen, aber das macht nichts: Sie werden ohnehin wiederkommen wollen.

Ausreichend Zeit mitbringen! Nach Führung und Rundgang möchten Sie vermutlich noch ein Schaf streicheln, ein Stockbrot machen oder durch den wilden Garten streifen.

14

Mutter Fourage
Chausseestraße 15A
14109 Berlin
030 80583283
(Hofcafé und Feine Kost)
www.mutterfourage.de

Liebermann-Villa am Wannsee
Colomierstraße 3
14109 Berlin
030 80585900
www.liebermann-villa.de

KULTUR, KULINARIK, KUNST

Hofanlage mit Café *Mutter Fourage*

Wir schreiben das Jahr 1900, die Landgemeinden Wannsee, Zehlendorf sowie das nahegelegene Berlin wachsen rasant. Wilhelm Hönicke sieht seine Chance und gründet in der Chausseestraße 15a eine Handlung für Mehl und Pferdefutter, »Fourage« genannt. Bald muss er sein Unternehmen erweitern und lässt eine Scheune für die Kutschen bauen, mit der seine Waren ausgeliefert werden.

Die Scheune, nach einem Brand wieder aufgebaut, besteht noch heute, ebenso der ganze Hof, der mittlerweile von einem Nachfahren der Familie geführt wird. Das Unternehmen hat sich gewandelt: Es ist nun Galerie, Veranstaltungsort, Naturkostladen, ökologischer Blumenhandel – und eines der schönsten Cafés Berlins. Die Hofanlage *Mutter Fourage* kann man nicht verpassen. Zwar ist die ganze Gegend hübsch, vom alten Dorf Stolpe existieren immer noch einige Häuser, doch das Haus in der Chausseestraße fällt besonders durch seinen schönen Backsteinbau auf. Hinter dem Toreingang stehen unzählige Monarden, Chrysanthemen, Bergenien, Heidepflanzen, verschiedene Gräser, Töpfe, Gartenschmuck. Wie viele Pflanzen kann ich wohl in meinem Fahrradkorb transportieren?

Der kleine Naturkostladen ist zwischen all den Blumen nicht auf den ersten Blick zu erkennen. Auffällig hingegen ist das riesige Scheunentor, das an die Geschichte des Hofes erinnert. Links die Galerie, rechts in einem wunderbaren Anbau mit großen Kastenfenstern und kleinem Garten das Hofcafé, bester Blick auf all die blühende Pracht inklusive. Da es an diesem Herbsttag schon ziemlich kalt ist, genieße ich die letzten Sonnenstrahlen im Hof, eine Kürbissuppe und einen Chai Latte mit Hafermilch. Ein bisschen klischeehaft, ich weiß. Und dennoch großartig.

Nächstes Mal bringe ich eine große Tasche mit – für die schönen Herbst-Anemonen.

Falls Sie in der Galerie auf den Max-Liebermann-Geschmack gekommen sind: Nicht weit von hier kann die Liebermann-Villa besichtigt werden.

15

Pfaueninsel
Nikolskoer Weg
14109 Berlin
www.spsg.de

VON MÄRCHEN UND PFAUEN

Die Pfaueninsel

Als mir mein erster Freund vor vielen Jahren die Pfaueninsel zeigte, fühlte ich mich sofort in die Märchenwelt meiner Kindheit zurückversetzt. Die Fährfahrt, die verwunschenen Gebäude, mal ein Brunnen, mal ein Schloss, das entdeckt werden will, und dann schreiten dort wahrhaftig echte Pfauen umher, deren Rufe man auf der ganzen Insel hört. Besondere Tiere haben an diesem Ort Tradition, im 19. Jahrhundert war hier eine Menagerie untergebracht, die später dem Zoologischen Garten in Berlin, dem ersten Zoo Deutschlands, zugeführt wurde.

Bereits im 17. Jahrhundert gab es Gerüchte um schwarze Magie, als Kurfürst Friedrich Wilhelm gerne in der Glashütte experimentierte. Im 18. Jahrhundert sorgte der spätere König Friedrich Wilhelm II. für wilde Gerüchte, als er die Insel als Treffpunkt für seine romantische Liaison mit Wilhelmine Enke auserkor, die als Kunstmäzenin und Ausstatterin von Schloss Charlottenburg und des Marmorpalais in die Geschichte einging.

Auch Filmemacher konnten sich dem Mythos der Pfaueninsel nicht entziehen, sodass hier etwa in den 1960er-Jahren Außenszenen des Edgar-Wallace-Streifens *Neues vom Hexer* gedreht wurden. Die Pfaueninsel hat sogar einen eigenen Friedhof: Er befindet sich auf dem gegenüberliegenden Festland im Düppler Forst. Neben vielen anderen alten und überwachsenen Gräbern ehemaliger Angestellter liegt dort das Grab des *Sandwich-Insulaners* Harry Maitey, dem vermutlich ersten Hawaiianer in Preußen, der auf der Pfaueninsel als Maschinengehilfe und Schnitzkünstler arbeitete.

Das kleine Eiland verbirgt mindestens so viele geheimnisvolle Geschichten wie Pfauen, und man könnte ein ganzes Buch darüber verfassen. Wer neugierig geworden ist, sollte unbedingt selbst unter den alten Bäumen spazieren, die Insel erkunden und weitere Anekdoten entdecken.

Das Schloss wird immer wieder renoviert und restauriert – das tut dem Besuch der Insel jedoch keinen Abbruch.

16

Domäne Dahlem
Königin-Luise-Straße 49
14195 Berlin
030 6663000
www.domaene-dahlem.de

GANS UND GUT

Domäne Dahlem

Es ist ein bisschen seltsam, am U-Bahnhof Dahlem Dorf kurz hinter dem S-Bahn-Ring auszusteigen und hinter dem leicht zu übersehenden Eingang zur Domäne Dahlem einen riesigen Bauernhof vorzufinden.

Seit mehr als 800 Jahren wird hier Landwirtschaft betrieben, wie Untersuchungen ergeben haben. Wo früher bereits Scheunen standen, sind auch heute wieder Gerätschaften und Futter untergebracht. Das alte Rittergut der Domäne Dahlem hinterließ das Herrenhaus aus dem 16. Jahrhundert. Es ist das älteste erhaltene Wohngebäude Berlins, verrät man mir vor Ort, wobei sich noch andere Wohnhäuser in Berlin um diese Auszeichnung streiten. Im Herrenhaus warten verschiedene Ausstellungen. Ein Highlight ist der originalgetreue Kaufmannsladen, in dem ich nach dem Eintreten von einem Hologramm-Kaufmann begrüßt werde, der mir einen Einblick in das Einkaufen vor 100 Jahren gibt. Gegenüber, in den ehemaligen Ställen, liegt das Culinarium, eine Ausstellung über Landwirtschaft und Nahrung, die insbesondere mit Kindern viel Spaß macht.

Nach einer Besichtigung der Töpferei und Möbelwerkstatt geht es weiter auf die Felder. Direkt hinter den Landwirtschaftsgebäuden werden Kartoffeln, Kürbis, Kohl, Salat, Tomaten und mehr angebaut – alles nach Biorichtlinien. Auf den Wiesen gackern Hühner und Gänse, Rinder und Pferde grasen friedlich. Ich schlendere über die Streuobstwiese und die Felder, studiere die Informationstafeln und spaziere an zwei Frauen vorbei, die gemütlich auf einer Bank sitzen und lesen. Trotz des schönen Wetters ist es sogar am Wochenende relativ leer – es sei denn, es ist Markttag, Ostermarkt, Sommerfest, Erntefest oder Advent. Dann kann es hier schon mal etwas voller werden.

Nur einen Katzensprung entfernt liegt die Königliche Gartenakademie, ein herrlicher Ort zum Blumen beschauen, Pflanzen kaufen und Kaffee trinken.

17

Gleis 17
Am S-Bahnhof Grunewald
14193 Berlin
www.berlin.de

INNEHALTEN

Mahnmal »Gleis 17« am S-Bahnhof Grunewald

Ein grauer Oktobertag, die Farben der Blätter verlieren sich im tristen Licht. Außer einem Schild im Tunnel zum S-Bahnhof mit der Aufschrift »Gleis 17« deutet nichts auf den Gedenkort hin, der im Jahr 1998 zur Erinnerung an alle von hier abfahrenden Todeszüge angelegt wurde. Erst im Aufgang zum Gleis klärt eine Informationstafel knapp über das Mahnmal auf: Es erinnert an die zu Tausenden von hier deportierten Juden zur Zeit des Nationalsozialismus. Beauftragt hat es die Deutsche Bahn AG, umgesetzt wurde es von dem Architektenteam Nicolaus Hirsch, Wolfgang Lorch und Andrea Wandel.

Oben angekommen, eröffnet sich zunächst nur der Blick auf einen Bahnsteig, bis man die 186 gusseisernen Platten und deren Inschriften an den Bahnsteigkanten bemerkt, wie beispielsweise: »13.06.1942 | 100 Juden | Berlin-Theresienstadt«. Meter für Meter ein Stück Erinnerung an sämtliche Züge, die von hier ab dem 18. Oktober 1941 zuerst nach Łódź, Riga und Warschau fuhren, später fast nur noch nach Auschwitz und Theresienstadt.

Was passiert ist, bleibt unaussprechlich, bleibt so entsetzlich, dass lediglich kurze Momentaufnahmen vorstellbar scheinen, nicht aber das komplette Ausmaß. Vielleicht ist es mir deshalb so wichtig, ab und an innezuhalten, wie auch an diesem Ort, nur drei Generationen nach den letzten Deportationen. Erinnerungsorte geben uns Raum zwischen Gestern und Morgen, zwischen Vergangenheit und Zukunft, in der wir hoffentlich bessere Menschen sein werden. Dazwischen liegt die Menschwerdung im Heute – für mich ein guter Grund, solch einen Ort als Lieblingsplatz auszuwählen.

Am Ende des Gleises wuchern einige Birken mehrere Meter aus dem Gleis heraus, als wollten sie sagen: Von hier wird niemals wieder ein Zug fahren. Ein hoffnungsvolles Zeichen.

Keine halbe Stunde dauert es mit der S-Bahn zum Denkmal für die ermordeten Juden Europas in Berlin-Mitte.

18

Friedhof Grunewald-Forst
Havelchaussee 92B
14193 Berlin
www.berlin.de

ENDLICH FRIEDEN

Friedhof Grunewald-Forst

Ich liebe die geheimnisvollen Geschichten des Grunewalds, wovon es mehr gibt, als dieses Buch erzählen kann. Eine dieser Geschichten liegt mitten im Grunewald beim kleinen, fast noch geheimen Friedhof Grunewald-Forst, auch »Friedhof der Unbestattbaren«, manchmal gar »Selbstmörderfriedhof« genannt.

Die gruseligen Namen gehen auf nicht minder schreckliche Geschichten zurück, die den Ursprung des Friedhofs betreffen: Im 19. Jahrhundert fanden Lebensmüde hier ihre letzte inoffizielle Ruhestätte. Die Havel macht in der nahegelegenen Bucht von Schildhorn einen Knick, weshalb die sogenannten »Havelselbstmörder« aufgrund einer Unterströmung an dieser Stelle an Land gespült wurden. Da die Kirche Selbstmördern eine Bestattung verweigerte und es bis 1920 ausschließlich kirchliche Friedhöfe in Berlin gab, wurden die Leichname zunächst heimlich von Angehörigen auf einer Waldlichtung im Grunewald beerdigt. Als diese Vorgehensweise zunehmend für die zuständige Forstverwaltung zum Problem wurde, begrub diese ebenfalls inoffiziell die Toten an der im Volksmund bereits bekannten Stelle. Erst um 1920, als jeder Bezirk einen städtischen Friedhof bekam, wurde der Ort ein offizieller Friedhof.

Die wahrscheinlich berühmteste Ruhestätte ist die von Christa Päffgen, bekannt als Sängerin und Model Nico, Inspirationsquell für viele Musiker und Stars der Zeit. Sie hatte Kontakte zu Bob Dylan und Leonard Cohen, Affären mit Jim Morrison, Lou Reed und Alain Delon. Bereits mit 18 Jahren soll sie sich diesen »Friedhof der unglücklichen Melancholiker« als letzte Ruhestätte für sich und ihre Mutter ausgesucht haben und liegt heute in der drittletzten Reihe. Sie sang auch auf der berühmten »Bananenplatte« für *Velvet Underground*. Wer musikalisch weder die 60er- noch 70er-Jahre mag, sollte vermutlich auf den Musikgenuss verzichten – ich persönlich würde sie aber dringend empfehlen.

Nahebei liegt der Havelhöhenweg, den Sie unbedingt einmal begehen sollten. Er ist einer der schönsten Wanderwege Berlins.

19

Zitadelle
Am Juliusturm 64
13599 Berlin
030 3549440
www.zitadelle-berlin.de

DIE LETZTE BASTION

Zitadelle

Die Zitadelle in Spandau dürfte in vielen Einheimischen freudige Erinnerungen wachrufen, denn hier geben regelmäßig namhafte Bands Konzerte. Vielleicht war auch der eine oder die andere auf dem Mittelalter-Fest, das regelmäßig stattfindet, oder auf einer Lesung der *Drei Fragezeichen*.

Vielen ist dabei gar nicht bewusst, was für ein beeindruckendes Bauwerk die Zitadelle ist: Sie ist nicht nur stets die »letzte Bastion«, in die sich beim Angriff zurückgezogen wird, und somit das Herzstück einer Verteidigungsanlage. Die Zitadelle in Spandau ist in ihrer Art eine der besterhaltendsten Festungen der Hochrenaissance aus dem 16. Jahrhundert und aus der Vogelperspektive noch viel schöner anzuschauen. Auf der Webseite findet sich eine solche Aufnahme.

Ich selbst bekomme Bauchkribbeln, wenn ich an die Zitadelle denke. Das resultiert nicht aus dem Umstand, dass die Zitadelle eine herausragende historische Stätte ist, und auch nicht von der Erinnerung an ein Konzert des Leadsängers meiner absoluten Lieblingsband *Led Zeppelin*. Der Grund ist eine sehr aufregende Fledermausführung, an der ich teilgenommen habe.

Denn was nur wenige wissen: Die Zitadelle Spandau beherbergt mit rund 10.000 Exemplaren eine der größten Fledermauskolonien Europas. Noch, denn der Klimawandel und das Insektensterben machen den kleinen Genossen schwer zu schaffen. Wer mal in den Kellergewölben stehen durfte, während unzählige Mini-Vampire um den Kopf flattern – im Stockdunklen übrigens, um die geflügelten Racker nicht zu verschrecken, was das Erlebnis noch ein bisschen intensiver macht –, wird mit der Zitadelle künftig sicher nicht mehr nur alte Steine in Verbindung bringen.

Die Fledermausführungen können Sie unter www.bat-ev.de buchen. Aber auch ohne die nachtaktiven Tiere ist die Zitadelle sehr sehenswert.

20

Gartenstadt Staaken
Am Heideberg 12
13591 Berlin
030 3670620
www.gartenstadt-staaken.de

GEMEINSAM STATT EINSAM

Gartenstadt Staaken

Als ich das erste Mal die Gartenstadt Staaken besuche, steht die Sonne tief. Es ist der Abend eines heißen Sommertages, in die schwüle Luft mischen sich einige Brisen und die Blätter an den Bäumen rascheln erleichtert im Wind. Früher gab es mehr Bäume hier, erzählt ein Anwohner, der an einer Hausecke steht und mit einer jungen Nachbarin plaudert. Die Kastanien hätten gekappt werden müssen, weil deren Wurzeln immer wieder in die Abwasserrohre gelangt seien. Die Sanierungsarbeiten in der denkmalgeschützten Anlage seien einfach zu teuer geworden.

Ich stehe zwischen den pittoresken kleinen Eingängen und schwatze ein bisschen mit. Das scheint hier normal zu sein, auch die Pfarrerin schaut kurz vorbei. Im Vorbeilaufen berichtet eine Mutter, dass sie heute schon zur dritten Kita müsse. Die nächste eilt nach Hause, den Sohnemann versorgen. Das ist wohl, was man sich unter einer Genossenschaft vorstellt: Nachbarschaftlichkeit oder auch ein »kleines gallisches Dorf«, wie das gemeinnützige Wohnungsunternehmen auf seiner Webseite schreibt.

Die Idee der Gartenstadt stammt aus dem 19. Jahrhundert von Ebenezer Howard und stellte den schlechten Wohnverhältnissen in den boomenden Städten ein neues Konzept entgegen. Enthalten war bereits der genossenschaftliche Ansatz, um Bodenspekulation zu vermeiden. Als Mittelweg zwischen dichter Besiedlung und einer gesunden Wohnsituation für die Menschen bestand das Modell zumeist aus Reihenhäusern mit jeweils kleinem Gartengrundstück zur teilweisen Selbstversorgung.

Die Häuser in Staaken sind – typisch in einer Gartenstadt – alle unterschiedlich. Ich streife umher und bewundere die verschiedenen Giebel, Einfassungen und Verzierungen. Eine Wohnung sei erstaunlich günstig, verrät mir ein Anwohner. Man müsse nur sehr lange warten. »Bewerben Sie sich doch einfach«, ruft er mir beim Gehen hinterher.

Die Gartenstadt erstreckt sich zwischen Torweg und Ungewitterweg. Die hübschesten Häuser finden Sie Am Heideberg und in der Hackbuschstraße.

INS BERLINER UMLAND

Herrliche Baumblüte im Frühling auf dem Panoramaweg Werderobst

21

Osteria Ballerino
Ruhlsdorfer Straße 14–16
14532 Stahnsdorf
03329 6985150
www.ballerino-stahnsdorf.de

EIN HAUCH VON RUHM

Restaurant Osteria Ballerino

Der Name der *Osteria Ballerino* lag auf der Hand, gegründet wurde das italienische Restaurant nämlich vom ehemaligen Balletttänzer Hans Vogl, heute Ballettpädagoge und Choreograf. Einst arbeitete er mit dem Jahrhunderttänzer Rudolf Chametowitsch Nurejew zusammen und gründete die Berliner Ballett-Akademie. Heute wird in seiner Ballettschule nebenan klassisches Ballett unterrichtet, aber auch moderner Tanz, Hip-Hop, Jazzdance und Kindertanz.

Davon erzählt sogar die Speisekarte, in der ich ein Foto von Nurejew sowie von weiteren berühmten Tänzern finde, zum Beispiel von Walter Nicks, einem der ganz großen Jazztänzer seiner Zeit. Er war zudem ein Lehrer Vogls. Ein Hauch von Ruhm liegt in der Luft, während wir die Speisekarte durchblättern und versuchen, uns zu entscheiden. Gar nicht so einfach.

Inmitten des schönen Vierseitenhofes sitzen wir zwischen alten Backsteinen und Rosen, Bananenstauden, Azaleen, Palmen, Lavendel, vielen Kräutern und einer betagten Laterne auf dem ausgetretenen Pflaster. Der Hof scheint früheren Zeiten entsprungen, lauschig, irgendwie italienisch, und doch baumelt im Oleander ein kleiner Gartenzwerg. Das Publikum ist gemischt bodenständig, Hans Vogl würde es familiär nennen. Ganz ohne Schickeria-Attitüden lässt sich das Stahnsdorfer Publikum hier nieder, Familien sind gekommen, Paare, Freundinnen und Freunde. Die meisten Leute scheinen Stammgäste zu sein.

Wir lassen uns die Sonne ins Gesicht scheinen und die hausgemachte Pizza, den knackigen Salat und die wahnsinnig leckeren schwarzen Linguine mit frischem Spargel schmecken. Drinnen ist es mindestens ebenso behaglich, die Holztische sowie die bemalten und verzierten Wände passen zu den Steinböden und Runddecken der alten Remise. Wer möchte, kann diese übrigens anmieten und hier gemütlich mit Freunden feiern.

Die *Osteria Ballerino* öffnet bereits am Vormittag mit Frühstück. Weshalb nicht gleich morgens zu Dinkelwaffeln mit Rhabarber-Erdbeer-Kompott und Sahne greifen?

22

Eiscafé Castagno
Wilhelm-Külz-Straße 44
14532 Stahnsdorf
03329 6902542
www.eiscafe-castagno.de

DER SCHÖNSTE EISBECHER

Eiscafé Castagno

Jeder Mensch braucht dringend eine Lieblingseisdiele. Meine ist das Eiscafé Castagno in Stahnsdorf, in der man auch im Winter seine Zähne kühlen oder einen leckeren Kuchen verspeisen kann. Das Eis stammt selbstverständlich aus hauseigener Produktion, der Familienbetrieb tüftelt regelmäßig an neuen spannenden und ausgefallenen Kreationen, gegen die das Limette-Minz-Eis schon fast langweilig wirkt. Zu meinem Leidwesen schmecken mir diese Variationen aus diversen Früchten, Salz und Kräutern anscheinend besser als dem großen Publikum, denn kaum habe ich mich in die neue Sorte Limette-Basilikum verliebt, wird diese durch eine andere ersetzt. Allerdings ist das wohl genau der Grund, weshalb das Castagno mir so ans Herz gewachsen ist: Es gibt immer etwas Neues zu probieren. Alle Sorten, vom Joghurt-Früchtebecher bis zur Karamell-Bombe, kann man mit diversen Toppings nach Belieben verzieren und sich so quasi sein eigenes Eis zusammenstellen.

Die etwas ungünstige Lage zwischen zwei großen Straßen macht das Castagno wieder wett durch eine heckenumrandete, gemütliche Sonnenterrasse. Wer an einem schönen Wochenende kommt, sollte etwas mehr Zeit mitbringen, denn das Castagno ist sehr beliebt und nicht selten bildet sich vor dem Handverkauf eine Schlange.

Falls Sie weniger Experimentierfreude verspüren: Natürlich werden zudem die üblichen Sorten angeboten, von Erdbeere, Schoko und Haselnuss bis zu Bananensplit und Spaghettieis, damit auch Leute wie mein Mann glücklich werden – der schaut zwar jedes Mal in die Karte, bestellt am Ende aber doch immer seinen geliebten Erdbeerbecher.

Die *Osteria Ballerino* und die Machnower Schleuse sind von hier aus fußläufig zu erreichen.

23

Förderverein Südwest-kirchhof Stahnsdorf e.V.
Bahnhofstraße 2
14532 Stahnsdorf
0179 3793503
www.suedwestkirchhof.de

FRIEDHOFSLEBEN

Südwestkirchhof Stahnsdorf

Der Südwestkirchhof in Stahnsdorf ist einer der größten Friedhöfe Europas, er ist sogar so groß, dass Fahrradfahren hier ganz offiziell erlaubt ist. Deshalb gleich ein Tipp: Wer viel sehen will, ist mit einem Fahrrad wirklich gut beraten. Eventuell haben Sie das schönste Bauwerk an diesem Ort schon einmal gesehen: Die hölzerne Friedhofskapelle ist nach dem Vorbild norwegischer Stabkirchen gebaut und spielte in der Serie *Dark* eine Rolle.

Mit knapp über hundert Jahren ist der Südwestkirchhof noch sehr jung. Zentralfriedhöfe wurden zwar bereits im 18. Jahrhundert angelegt, Berlin hatte jedoch bereits zahlreiche Kiezfriedhöfe und ist daher mit weit über 200 Friedhöfen bis heute die friedhofsreichste Stadt Europas. Dennoch war irgendwann kein Platz mehr für weitere Gräber, Berlin wuchs enorm und man beschloss, Zentralfriedhöfe vor den Toren der Stadt zu bauen. Die damalige *Friedhofsbahn* brachte Särge wie auch Verbliebene von Wannsee direkt vor den Friedhof. Der Südwestkirchhof wurde von Beginn an als Waldfriedhof geplant mit viel Grün und wenigen geraden Wegen – ein Ort zum Verweilen und zum Spazierengehen. Arme und Reiche, kleine Gräber und große Gruften nebeneinander, Heinrich Zille ist hier begraben wie auch die Verstorbenen der Siemens-Familie.

Die wilde Romantik ist Programm, verrät der Friedhofsleiter Olaf Ihlefeldt. »Friedhöfe waren immer Orte des Lebens und Begegnens«, erzählt er auf einer Fahrrad-Führung über das 206 Hektar große Gelände. »Und diesen Grundgedanken haben wir wiederbelebt.« Heute finden viele Veranstaltungen auf dem Gelände statt, zum Beispiel Filmabende, an denen Klassiker wie *Nosferatu* gezeigt werden. Wie unpassend, mag mancher denken. Wie passend, findet der Förderverein des Friedhofs, schließlich ist hier auch *Nosferatu*-Regisseur Friedrich Wilhelm Murnau begraben.

Die Führungen sind sehr empfehlenswert, aber schnell ausgebucht. Daher unbedingt regelmäßig die Webseite checken und schnell zugreifen.

24

Schleuse Kleinmachnow
Stahnsdorfer Damm 1
14532 Kleinmachnow
033203 57728
www.wsa-spree-havel.
wsv.de

WASSERWUNDER

Schleuse Kleinmachnow

Wer keine Reise zum Panamakanal auf sich nehmen möchte, um das dortige Bauwunder mit seinen riesigen Schleusen zu bewundern, kann einfach nach Kleinmachnow zum Machnower See fahren, um dort das kleine Vorbild anzuschauen: die Machnower Schleuse. Schiffe und Boote überwinden mit ihr den Unterschied von 2,7 Metern Höhe zwischen Havel und Spree.

Als das Bauwerk 1906 eröffnet wurde, gehörte es zur Spitze damaliger Ingenieurskunst. Als Doppelschleuse erbaut, trotzte sie schon vor über hundert Jahren trockenen Sommern. Durch einen Querkanal zwischen den Kammern konnte das Wasser mehrfach genutzt werden, wenn die eine Kammer nach oben und die andere nach unten schleuste. Die jeweils andere Kammer diente somit als Sparbecken, die Wasserentnahme konnte um die Hälfte reduziert werden. Ein Konzept, das uns aufgrund des Klimawandels umso mehr entgegenkommt. Die 67 Meter langen und zehn Meter breiten Schleusenkammern werden durch riesige Hubtore geschlossen – damals eine Weltneuheit und noch heute sehr beeindruckend. Vom Stahnsdorfer Damm aus kann man bequem zugucken. An schönen Tagen finden sich hier immer einige Schaulustige ein.

1940 wurde die Schleuse umgebaut und durch eine Nordkammer ergänzt. Die Maßnahmen waren Teil des »Speer-Programms«, benannt nach Albert Speer, Nazigröße, Hitlers »Superarchitekt« und Rüstungsminister. Nach dem Krieg blieb die Schleuse lange ungenutzt, erst im Jahr 1981 ging sie teilweise wieder in Betrieb. Im überdachten Wandelgang geben Schaukästen einen Überblick über die Geschichte des Bauwerks.

Wer möchte, unternimmt anschließend einen kurzweiligen Spaziergang rund um den Machnower See, dessen Ufer gerade zur Herbstzeit in den schönsten Orangetönen leuchten.

Nebenan kann ein alter Triebwagen der ehemaligen Straßenbahnlinie 96 besichtigt werden, die hier bis 1961 fuhr.

25

Panzerdenkmal Kleinmachnow
Neubauernsiedlung, am Waldrand nahe der A 115
14532 Kleinmachnow
www.checkpoint-bravo.de/panzerdenkmal.htm

PAZIFIZIERUNG EINES DENKMALS

Panzerdenkmal

Anfang der 1990er-Jahre ging es im UN-Ausschuss für Angola heiß her, so heiß, dass man bei Genehmigungen für die Verschiffung von »landwirtschaftlichen Maschinen« in das vom Bürgerkrieg gebeutelte Gebiet übersah, dass Schneepflüge vermutlich eher selten im südafrikanischen Staat benötigt wurden. So landete der eine oder andere Panzer ohne UN-Mandat im Krieg, den die beiden Großmächte USA und Sowjetunion für sich zu entscheiden versuchten. Diese Geschichte, die mir während einer Recherche im Institut für Afrikawissenschaften der Humboldt-Universität erzählt wurde, fällt mir immer ein, wenn ich mit dem Fahrrad die Brücke über die A 115 überquere und das rosafarbene Panzerdenkmal am ehemaligen Grenzübergang Dreilinden sehe. Nur wurde hier umgekehrt ein Panzer durch einen friedlichen Schneelader ausgetauscht.

Einst stand an dieser Stelle am ehemaligen *Checkpoint Bravo* ein sowjetischer Panzer auf dem Sockel, das Kanonenrohr drohend gen West-Berlin gerichtet. Der Panzer wurde nach der Wende von Russen mitgenommen, 1992 installierte der Künstler Eckhart Haisch einen Schneelader auf dem Sockel, quietschrosa angemalt. Der Schneelader Typ S-4M ist ein sowjetisches Sonderfahrzeug, das mit einem Förderband Schnee auf einen Lastwagen transportieren soll. Das Förderband kann man von Weitem tatsächlich für ein Kanonenrohr halten, weshalb sich noch nicht überall herumgesprochen hat, dass das Panzerdenkmal eigentlich ein Schneelader ist.

Nachdem man 2011 auf politischer Ebene länger um den historischen Wert eines rosafarbenen Schneeladers gerungen hatte, wurde das Denkmal restauriert. Das Zeichen über den Sieg des deutschen Nationalsozialismus, das einst Machtdemonstration der Sowjetunion wurde, wandelte sich somit zum Friedenssymbol. Ich finde, unsere Welt hat heute viel mehr von diesen Symbolen nötig.

Am besten verbinden Sie den Besuch mit einem Spaziergang an der alten Stammbahn entlang, die parallel zur Straße *An der Stammbahn* verläuft. An der A 115 angekommen, wenden Sie sich nach links und folgen der Lärmschutzwand bis zum Panzer.

26

Park Babelsberg
Park Babelsberg 10
14482 Potsdam
www.potsdam.de/
park-babelsberg
www.spsg.de

Gondelfox
0178 6177875
www.gondelfox.de

SPAZIERGANG IN DIE VERGANGENHEIT

Park Babelsberg

Eine Eisschicht hat sich am Ufer der Havel gebildet. Ich stehe am *Tiefen See* und höre das gluckernde Wasser unter dem Eis und die seltsamen Klänge, die beim Platschen gegen die Eisschicht entstehen. Die Sonne senkt sich bereits, der Himmel zeigt seine zarten Pastelltöne und in den vielen Eisstückchen brechen sich die Lichtstrahlen und funkeln wie Diamanten.

Es gibt viele geheimnisvolle Orte rund um den Grunewald, den Wannsee und Potsdam. Einer meiner liebsten ist der Park Babelsberg, denn in seiner verwunschenen Kulisse ruhen zahlreiche Bauwerke mit spannenden Geschichten. Während es im Sommer hier recht voll werden kann, hat man im Winter den Park fast für sich. Von Potsdam kommend, steht am Eingang das alte Havelhaus aus dem 19. Jahrhundert, ursprünglich das Haus des Fährmannes, heute gleicht es eher einem Schloss. Trotz des heruntergekommenen Zustandes – oder vielleicht gerade deshalb – sind die Türme, Torbögen und Verzierungen ein faszinierender Anblick.

Wir spazieren weiter, vorbei am Flatowturm und der Gerichtslaube, einem Überbleibsel des alten Berliner Rathauses, das im 19. Jahrhundert abgerissen wurde. Da Kaiser Wilhelm I. ein Faible für das Mittelalter hatte, wurde dieser Gebäudeteil aus dem 13. Jahrhundert hier wiederaufgebaut. Generell galten solche Spuren des Mittelalters damals als »très chic«. Nicht alle vermeintlichen Relikte rund um Potsdam sind daher echte historische Zeugnisse, sondern häufig Nachbildungen und Attrappen. In der Ferne sehe ich das hübsche Schloss Babelsberg und die Glienicker Brücke, die sogenannte »Agentenbrücke«, auf der während des Kalten Krieges Agenten zwischen Ost und West ausgetauscht wurden, denn genau hier verlief die Grenze. Wie schön, dass manche Dinge nicht mehr so sind wie früher.

Wer Venedig-Flair rund um den Park genießen will, kann sich im Sommer mit einer echten venezianischen Gondel über die Gewässer schippern lassen. Der *Gondelfox* hat das Handwerk des Gondoliere in der Lagunenstadt gelernt.

27

Kirche St. Nikolai
Am Alten Markt
14467 Potsdam
0331 2708602
www.nikolai-potsdam.de

AUSBLICK MIT ENGEL

Kuppel der Kirche St. Nikolai

Einst galt der Alte Markt in Potsdam als einer der schönsten Plätze Europas. Die markante Kuppel der Kirche St. Nikolai ist hier kaum zu übersehen. Das Gotteshaus steht zwischen dem Museum Barberini, Fortunaportal und Kunstmuseum, deren Anblick allein schon einen Ausflug wert ist. Wussten Sie, dass man hinauf in die Kuppel der Nikolaikirche steigen und einen tollen Ausblick über Potsdam und die Seen drum herum genießen kann?

Ein paar Euro sind nötig, dann geht es über eine immer schmaler werdende Wendeltreppe und oben durch eine Luke auf die Aussichtsplattform. Angst vor Enge darf man eher nicht haben. Die Aussicht belohnt für die 230 Stufen gleich in mehrfacher Hinsicht, denn nach allen Seiten ist der Blick über die Stadt und Seen frei.

Ursprünglich gab es hier übrigens keine Kuppel. Zwar war sie in den Plänen von Friedrich Gilly und Karl Friedrich Schinkel bereits vorgesehen, allerdings war die Stadt nach Preußens Niederlage gegen Napoleon ziemlich knapp bei Kasse, weshalb man sich 1830 entschloss, zunächst nur ein flaches Satteldach auf die Kirche zu setzen. Und selbst das klappte nur mäßig: Das Tonnengewölbe senkte sich durch übereilt entfernte Gerüste, Wände bekamen Risse, Feuchtigkeit zog ins Mauerwerk. Mehrere Reparaturen waren schon nach kurzer Zeit fällig, zudem wurde die furchtbare Akustik aufgrund des Satteldaches kritisiert. Ein Fiasko. Erst nach dem Tod Schinkels wurde der Kuppelbau nach dem Vorbild der *St Paul's Cathedral* in London realisiert und die Akustik durch mehrere tondämpfende Maßnahmen verbessert. Zudem erhielt die Kirche zur Stabilisierung vier Ecktürme, die mit riesigen Engeln verziert wurden. Glücklicherweise wurden beim Wiederaufbau nach dem Zweiten Weltkrieg diese eigentlich nur aus Not errichteten Engelsäulen ebenfalls wiederhergestellt. Der Ausblick mit Engel ist einer der schönsten Potsdams.

Eine himmlische Aussicht haben Sie auch von der sehenswerten Historischen Mühle von Sanssouci.

28

Café à la Russe
Lindenstraße 2
14467 Potsdam
0331 58397780
www.cafealarusse.de

DAS BESTE VOM OSTEN

Restaurant *Café à la Russe*

Im *Café à la Russe* findet nicht jeden Abend ein Akkordeonkonzert statt. Zu einem besonderen Anlass wird der Vater des Familienrestaurants allerdings schon einmal gebeten, ein paar seiner besten Lieder darzubieten, und ich kann verraten: Glücklich schätzt sich, wer diese uralten, akkordeongeformten Finger erleben darf.

Aufgetischt wird unter dem Begriff »Russische Küche« eigentlich Osteuropäisches: Soljanka, Borschtsch, Pelmeni, Piroggen, Vareniki. Mein Favorit: Blini mit verschiedenen Füllungen, außerdem ein unglaublich leckeres Brot zur Borschtsch. Die Bedienung ist extrem herzlich, die Atmosphäre erinnert eher an ein gemütliches Wohnzimmer.

Nach der letzten musikalischen Einlage ist die Stimmung in dem kleinen Restaurant gelockert, ein kleiner Vodka wird gereicht. Der Wirt beglückt uns mit immer neuen Proben von seiner Theke, bis er mir verschmitzt seine geheime Spezialität kredenzt: Schokoladenwein. Eigentlich dürfte ich Ihnen das gar nicht verraten, denn dieser Wein wird nur innerhalb der Familie irgendwo in Georgien hergestellt und sehr selten verkauft, aber: Es ist der aufregendste Rotwein, den ich je getrunken habe.

Auf diese Geschmacksexplosion war ich nicht vorbereitet, der Wirt lacht über meine großen Augen und ich lasse mir von meiner Sitznachbarin erklären, dass die Weinproduktion in Georgien auf eine der längsten Weintraditionen weltweit zurückblicken kann. Er wird anders hergestellt, nicht gekeltert und ist durch den hohen Tanningehalt herb im Geschmack. Wie die Schokolade in den Wein kommt, ist streng geheim. Das Rezept stamme von seinem Großvater, erzählt der Wirt mit leuchtenden Augen. Meine Überredungskünste reichen beim Bezahlen leider nicht, ihm ein paar Flaschen abzuluchsen, der Vorrat ist für heute erschöpft. Da hilft wohl nur, noch einmal wiederzukommen.

Den Schokoladenwein gibt es nur, solange der Vorrat reicht und eigentlich nur für Stammgäste und gute Kundschaft. Fragen Sie nach einem anderen georgischen Wein. Und vergessen Sie die Blinis nicht!

29

Biosphäre Potsdam
Georg-Hermann-Allee 99
14469 Potsdam
0331 550740
www.biosphaere-potsdam.de

IM URWALD

Biosphäre Potsdam

Wenn der Winter mal wieder zu lange dauert oder der Urlaub in Amazonien einfach nicht in greifbare Nähe rücken will, gibt es eine Lösung: die Biosphäre Potsdam. Von außen mag der 2001 entstandene Beton-Glas-Bau seine besten Tage hinter sich haben, innen aber bilden rund 350 wundersame Tierarten und 20.000 Pflanzen einen dichten und lehrreichen Urwald, der sowohl Kindern als auch Erwachsenen die Geheimnisse des Dschungels näherbringt, ohne zu belehrend zu wirken.

Das Herz der Biosphäre ist das Tropenhaus. Um die riesige Halle voller Palmen, Kletterpflanzen und Wasserbecken zu erkunden, folgt man dem Rundweg vorbei an Lagunen und Wasserfällen, dösenden Mandarinenten und Kois, Farnen und Orchideen, Bananen, Bambus, Eidechsen und Insekten, die man erst einmal suchen muss. Zwischen Ranken wird erklärt, wie aus Maniok Brotfladen entstehen und wo der Pfeffer wächst. Highlight ist das 60 Quadratmeter große Schmetterlingshaus mit Kokons in allen Stadien und faustgroßen exotischen Schmetterlingen, die um den Kopf schwirren und sich mit etwas Glück aufs T-Shirt setzen. Die Angestellten mit Fragen zu löchern ist erwünscht, und so erfährt man allerlei Spannendes über die Lebensgewohnheiten der Verwandlungskünstler.

Nach den Mangroven geht es in die Aquasphäre. Tief tauchen wir in einem U-Boot ins Meer, schauen uns die Vielfalt an, finden Nemo, lauschen einem Blauwal und lernen, was Mikroplastik den Meeren antut. Zwischen Seeanemonen schwimmen Seepferdchen und anderes zauberhaftes Getier. Wem zu warm geworden ist (besonders im Schmetterlingshaus!), kann auf der Restaurant-Terrasse frische Luft schnappen und ein Zitronen-Sorbet oder ein Stück Kuchen essen.

Wenn Sie nicht bis zum Feierabend getrödelt haben, kommen Sie noch rechtzeitig für eine Fahrt mit dem *Luftschiff*, einem simulierten Flug über das wilde Grün.

Borgen Sie sich notfalls ein paar Kinder aus, denn mit ihnen macht ein Besuch doppelt so viel Spaß.

30

Großer Seddiner See
Startpunkt Rundwanderung: Bushaltestelle Jägerhof
Leipziger Straße/ Hauptstraße
14554 Seddiner See

Strandbad Seddiner See
Rauher Berg
14554 Michendorf

AUF DEM TROCKNEN

Großer Seddiner See

Der Große Seddiner See ist ein wunderbarer See mit großer Artenvielfalt, an dessen Südseite man beim Strand von Kähnsdorf gut den Bulli parken und die schönsten Sonnenuntergänge beobachten kann.

Im Jahr 2018, dem ersten von mehreren Dürrerekordjahren der neueren Geschichte in Deutschland, verschlickte der See an den Rändern. Das Ausmaß des Klimawandels und der dadurch verursachten Trockenheit war mittlerweile allzu deutlich. Im und am 218 Hektar großen, grundwassergespeisten See leben viele bedrohte Pflanzen und Tiere: Hecht, Aal, Zander, Karausche, diverse Insekten, Vögel und Amphibien. Der örtliche Fischer musste seine Angestellten entlassen, da wegen der trockengelaufenen Ufer die guten Laichgründe fehlen und der Fischbestand sinkt. Das meiste Wasser verdunstet durch die Wärme, ein Problem, das in vielen Regionen des niederschlagarmen Brandenburg existiert. Mittlerweile läuft die Spree häufiger rückwärts – auch in Berlin. Dass Dörfer und Betriebe sowohl See- als auch Grundwasser nutzen, verschärft die Situation. Als dramatisches Beispiel zeigt uns der Große Seddiner See, was dringend in Berlin und Brandenburg benötigt wird: Neue Lösungen, wie Wasser gespart und in Kreisläufen genutzt werden kann, statt es in Brauchwasserkanälen wegfließen zu lassen.

Anwohnende haben sich dafür eingesetzt, den See nun durch die Nuthe mit neuem Wasser zu speisen. Sie hoffen, dass ein generelles Umdenken bei der Wassernutzung stattfindet und ihr See erhalten werden kann. Auch in Berlin wird an einem Masterplan zum Thema Wasser gearbeitet, der weniger Verbrauch, die Trennung von Brauchwasser und Entsiegelung zur besseren Versickerung vorsieht. Berlin wird »Schwammstadt« – ein gutes Beispiel für andere Regionen und Hoffnung für den Großen Seddiner See.

Empfehlenswert ist neben dem Strandbad Kähnsdorf auch der Fischerhof Seddin und der zehn Kilometer lange Rundwanderweg um die Seddiner Seen. Er ist streckenweise Teil des 66-Seen-Wanderwegs.

Schon der Innenhof der
Alten Lebkuchenfabrik
in Kremmen verzaubert

31

Baum & Zeit
Baumkronenpfad
Beelitz-Heilstätten
Straße nach
Fichtenwalde 13
14547 Beelitz-Heilstätten
033204 60580
www.baumundzeit.de

Barfußpark
Beelitz-Heilstätten
Straße nach
Fichtenwalde 13
14547 Beelitz
0162 2909999
www.derbarfusspark.de

AUF ALTEN NEUEN WEGEN

Baumkronenpfad Beelitz-Heilstätten *Baum & Zeit*

Ich weiß ja, dass Sie längst vom Baumkronenpfad Beelitz-Heilstätten gehört haben. Aber waren Sie wirklich schon einmal da? Im Sommer, Herbst, Winter und Frühling? Mich fasziniert das Gelände so sehr, dass ich mittlerweile alle Jahreszeiten mitgemacht und bestimmt schon alle meine Freundinnen und Freunde hierhergeschickt habe. Ein paar Fakten gefällig? Seit 2015 führt der Baumkronenpfad auf einer Stahlkonstruktion mit Holzsteg in 17–23 Metern Höhe durch das Gelände der alten Lungenheilstätte und über das 1945 zerstörte Alpenhaus hinweg, auf dem sich mittlerweile Europas größter Dachwald angesiedelt hat und ordentliches Lost-Place-Feeling vermittelt. Der Pfad wurde auf über 700 Meter erweitert, eine Riesenhängematte lädt Mutige zum Hüpfen und Abhängen ein, die Skyboa, eine Stahlgitterkonstruktion, kann durchklettert werden, sodass man über und sogar unter dem Steg krabbelt (ich kenne bisher nur eine Verrückte, die sich das getraut hat), und von einem Turm mit über 40 Metern Höhe schweift der Blick weit über das gesamte Areal. Wer sich im allerletzten Moment doch nicht in die Höhe traut, kann immer noch auf dem Gelände umherstreifen und die alten Gebäude von außen oder mit einer Führung von innen entdecken, überall wachsen verschiedene Baum- und Gehölzarten, mal steht ein altes Himmelbett herum, mal führt der Weg unter dem Baumkronenpfad hindurch.

Es gibt übrigens Jahreskarten, die von Beelitzern sehr gerne erworben werden. Als ich im Herbst frühmorgens zwischen den bunten Wipfeln spaziere, begegnet mir ein Mann, der den Pfad über 1.000 Mal komplett abgelaufen ist. Gemütlichere Besucher nehmen einfach den Aufzug nach oben. Der Weg ist, bis auf Turm, Hängematte und Skyboa, barrierefrei.

Nehmen Sie sich noch mehr Zeit und besuchen anschließend den daneben liegenden Barfußpfad, ein groß angelegtes Gelände zum Entdecken, Staunen und Herummatschen – für Groß und Klein.

32

Fähre Caputh
Straße der Einheit 88
14548 Schwielowsee-Caputh
033209 71848
www.faehre-caputh.de

Fährhaus Caputh
Straße der Einheit 88
14548 Schwielowsee
033209 70203
www.faehrhaus-caputh.de

DER SCHÖNSTE PLATZ AM WASSER

Am Fähranleger Caputh

Nur wenige benutzen die Seilfähre *Caputh*, die seit 1853 die kurzen 80 Meter über die Havel übersetzt und Caputh mit dem Ortsteil Geltow verbindet, weil alle anderen Ortsteile auch ohne Fähre erreichbar sind. Wer wie ich mit der Bahn kommt und weiter auf kürzestem Weg nach Werder will, kann gleich am Bahnhof Caputh-Geltow aussteigen.

Aber wann immer es geht, fahre ich eine Station weiter nach Caputh-Schwielowsee und setze gegen ein geringes Entgelt mit der *Tussy II* über. Vorher gibt es eine leckere Waffel im Eiscafé *Portofino* linker Hand. Wer mehr möchte, nimmt rechts auf der schönen hölzernen Veranda der Gaststätte *Fährhaus Caputh* Platz, die mit ihren weiß gestrichenen Kastenfenstern aussieht, als sei sie den 20er-Jahren des letzten Jahrhunderts entsprungen. Beim Blick auf den Templiner See und die Fähre lässt sich gute regionale Küche genießen. Wenn ich hier sitze und dem ruhigen Treiben zuschaue, die Rufe der Möwen über mir, spüre ich die perfekte Mischung aus Wasser, Ruhe und Geschäftigkeit und kann die Künstler, Kreativen und Intellektuellen verstehen, die sich einst in Caputh niederließen.

Die meisten Leute zeigen dem Fährmann ihr Dauerkärtchen, das sie als Einheimische ausweist. Ich habe meine Münzen passend bereit, was den Fährmann freut, und schon geht's los. Wir legen ab, nur kurz ist die Fahrt, auf der ich ein, zwei Fotos vom Templiner See schieße und zurückblicke auf die Terrasse vom *Fährhaus*, die Menschen, die herumstehen und plaudern, schon legen wir wieder an. Seufzend schwinge ich mich auf mein Rad und werde es beim nächsten Mal wieder genauso machen.

Das Geld für die Fähre am besten passend parat haben. Bei Sturm, Nebel, Hoch- oder Niedrigwasser ist der Fährbetrieb eventuell eingestellt.

33

Seebad Caputh
Zum Strandbad 1
14548 Schwielowsee-Caputh
033209 80851
www.seebad-caputh.de

EIN BISSCHEN IBIZA

Seebad Caputh

Ein bisschen Ibiza-Feeling vor den Toren Berlins gefällig? Das Seebad Caputh ist teuer, keine Frage. Mit den Kindern kommt man hier eher nicht her. Doch wer mit Freunden chillen oder mit Partner oder Partnerin einen schönen Nachmittag und romantischen Abend am Strand erleben will, ist im Seebad Caputh goldrichtig.

Es ist und bleibt seit Langem für mich das schönste Seebad, das ich überhaupt kenne. Die große Bar, Holzstege, Cabanas, weiße Laken, Strohsonnenschirme, Feuerschalen, Sand zwischen den Zehen, eine Bar auf der Seebrücke, tolle Cocktails: Bei mir stellt sich umgehend ein tiefes Urlaubsgefühl ein. Der Schwielowsee liegt direkt vor der Nase, wunderbar zum Schwimmen geeignet – wenn kein heißer Sommer die Algen zu arg zum Blühen gebracht hat. Schräg gegenüber in der Ferne beeindruckt das große und weiß leuchtende *Precise Resort Schwielowsee* und trägt ein bisschen zum Be-Rich-Gefühl bei.

Der eindeutige Vorteil der erhöhten Preise: Es ist selten überfüllt, von Tagen mit besonderen Veranstaltungen einmal abgesehen. Natürlich werden auch Paddleboards und Kajaks verliehen, sofern man wirklich den Strand verlassen will.

Am schönsten ist es, wenn die Sonne langsam untergeht und die Umgebung in alle warmen Töne der Farbpalette taucht, Feuer angezündet und Lichter angemacht werden und die Segelboote im tiefblauen Wasser vorbeiziehen.

Wer sich das alles nicht leisten möchte, kann sich zur Dämmerung einfach auf die Brücke nebenan stellen: Der Sonnenuntergang ist hier genauso schön.

Cabanas und gute Sitzplätze müssen, wie häufig in solchen Locations, extra bezahlt werden. Kommen Sie am besten mit der Bahn, es gibt nur wenige Parkplätze.

84

Japanischer Bonsaigarten
Fercher Straße 61
14548 Schwielowsee-Ferch
033209 72161
www.bonsai-haus.de

DER KLEINSTE APFEL

Japanischer Bonsaigarten in Ferch

Vor Jahren züchtete mein Vater Bonsais. Nachdem er mir seine schönsten, jahrelang gepflegten Exemplare überlassen hatte, wurden diese recht schnell von Spinnmilben dahingerafft. Noch heute stechen die Schuldgefühle in meinem Bauch, wenn ich einen Bonsai sehe. Das hält mich allerdings nicht davon ab, weiterhin eine Leidenschaft für die winzigen Bäume zu hegen, und so fuhr ich eines Tages zum viel gelobten Bonsaigarten in Ferch.

Tilo Gragert züchtet seit 1979 Bonsais. Nach einer Studienreise durch Japan entschloss er sich, seinen eigenen Garten anzulegen. Der Eingang liegt bescheiden, passend zur japanischen Kultur. An Besuchern mangelt es dennoch nicht, denn der schöne Garten hat sich längst herumgesprochen. Wochenends muss man eventuell sogar eine Weile vor dem Tor warten. Ein Besuch lohnt daher insbesondere innerhalb der Woche. Gleich hinter dem Eingang stehen wahre Prachtexemplare fast unzähliger Bonsais. Mich fesselt ein kleiner Apfelbaum, an dem sogar ein Äpfelchen hängt. Ob man aus den winzigen Kernen wieder einen Bonsai ziehen kann?

Ein gewundener Rundweg führt einmal durchs Gelände, typisch japanisch weisen Schilder mit Pfeilen die Richtung, was angesichts der Enge eine gute Idee ist, denn rechts und links ist alles dicht bepflanzt mit herrlichen Azaleen, vielen Gräsern und mir unbekannten Stauden mit riesigen Blüten. Am gepflegten Zen-Garten geht es vorbei zum Koi-Teich und Japanischen Pavillon. Schilder weisen darauf hin, ruhig zu sein, um die Stille zu genießen und in sich zu kehren.

Wer das noch ein bisschen länger tun möchte, sollte sich im Teehaus mit Blick in den Garten niederlassen, hier werden natürlich erlesene japanische Tees serviert.

Regelmäßig bietet das Bonsai-Haus Seminare zu Bonsais, deren Aufzucht und Pflege an.

35

Panoramaweg Werderobst
Startpunkt: Fercher Straße/Zum Lindentor
Hier befinden sich eine Bushaltestelle und ein Parkplatz
14542 Werder (Havel)-Petzow
www.dein-havelland.de

AUF SAFTIGEN HÜGELN

Panoramaweg Werderobst ab Petzow

Rund um Werder befinden sich die vielen berühmten Obstanbauwiesen, die im Frühling für ein Blütenmeer sorgen, das schon vor über 100 Jahren Berliner vor die Tore der Stadt lockte und aus dem das Werdersche *Baumblütenfest* entstand. Die durch die Eiszeit geprägte Landschaft ist für Brandenburger Verhältnisse erstaunlich hügelig und beherbergt neben der Obstproduktion auch die Werdersche Weinbauregion.

Der rund 16 Kilometer lange Panoramaweg Werderobst ist mein absoluter Favorit, wenn es darum geht, das schöne Wetter mit einer kleinen Fahrradtour zu verbinden. Vom Startpunkt in Petzow geht es nach den *Glindower Alpen* recht steil die Hügel hinauf, direkt in die Obstwiesen hinein. Im Frühling strahlen die Blüten von Apfel-, Kirsch- und Pflaumenbäumen in adretten Weiß- und Rosatönen. Den Fahrradweg teilt man sich mit Wanderern, regelmäßig wird man zum Halten gezwungen, entweder weil sich eine kleine Schlange an einem Weinstand gebildet hat, oder weil man andächtig die Blüten bewundern muss. So eine Pracht! Trotz der heute üblicheren und effektiveren Anbaumethode als Spalierobst findet man immer noch viele weite Wiesen und Hänge mit typischen Streuobstwiesen und so manches Fallobst am Wegesrand.

So sehr ich Baumblüten liebe: Ich bevorzuge für diese Tour den ruhigeren Herbst, denn der hat gewichtige Vorteile: Die leuchtend roten Äpfel und violett schimmernden Pflaumen machen Lust, bei einer der Selbstpflückwiesen zu halten, für wenig Geld *Elstar*, *Delcorf* und *Hermann* zu pflücken und sich damit den Fahrradkorb voll zu machen. Außerdem gibt es zu der Zeit sicher noch einen leckeren Becher Wein aus einem der großen Glasballons – verboten lecker. Beschwingt geht es weiter durch die Hügel mit großartigem Blick über die Landschaft, über Werder und das Wasser bis nach Krielow. Der perfekte Sonntag.

Im Internet finden Sie unter dem Stichwort »Panoramaweg Werderobst« viele Infos zur Route und zu Einkehrmöglichkeiten. Vor Ort weisen Ihnen Schilder den Weg.

36

Insel Werder (Havel)
Startpunkt Inselrundweg: Direkt hinter der Werder-Brücke »Unter den Linden« in die Uferstraße einbiegen.
14542 Werder (Havel)

Tourist-Information
Plantagenplatz 9
14542 Werder (Havel)
03327 783372
www.werder-havel.de

Aufs Wasser kieken

Insel Werder

Lange Zeit war Werder in meiner Vorstellung so etwas wie der Ballermann Berlins, denn ich kannte den Namen lediglich von Berichten über großangelegte Trinkgelage beim Baumblütenfest. Erst ein Sommertag mit Freunden brachte mich mit einer Wannsee-Ausflugsdampfer-Tour auf die Insel Werder. Schon beim ersten Besuch war ich verknallt. Heute wünschte ich, ich wäre gleich nach der Wende einmal hier gewesen, der Vergleich wäre sicher spannend. Fast sämtliche Straßenzüge sind restauriert, die vielen kleinen Fischer- und Bürgerhäuser perfekt instand gesetzt. Auf der gesamten Insel herrscht Kopfsteinpflaster vor, Fahrräder und Autos müssen Schrittgeschwindigkeit halten. Vielleicht ist das Eiland auch deshalb so wahnsinnig entschleunigend.

Der Inselrundweg führt einmal um die kleine Insel am Wasser entlang und lässt in die Gärten gucken. Mein Favorit sind die alten Kiekehäuser, kleine Häuschen am Ende der Grundstücke, die zum Wasser kieken und mal als Lagerraum, mal als Kreativwerkstatt genutzt werden. Sitzbänke laden ein, sich niederzulassen und sehnsüchtig aufs Wasser zu schauen, den Segelbooten hinterherzublicken und sich zu wünschen, im Jahr 1991 so klug gewesen zu sein, sich hier ein kleines Häuschen zu kaufen. Schönerweise wirkt es jedoch so, als ob Werder immer noch den Bürgerinnen und Bürgern von einst gehört. Es wird gerne mal gegrüßt – trotz der vielen Touristen.

Ein Tipp unter uns: Vermeiden Sie die Woche rund um den ersten Mai und genießen Sie stattdessen die Zeit im frühen Frühling oder noch besser im Herbst, wenn das Licht noch warm ist, die Luft schon etwas kalt und die Bäume sich langsam einfärben. Dann herrscht hier himmlische Ruhe und Sie müssen nicht einmal in den historischen Ausflugsgaststätten reservieren.

Lassen Sie sich nicht das extrem leckere Eis der Eisdiele *Dolci e Gelati* in der Torstraße 4 entgehen.

37

Havel-Therme
Zum Großen Zernsee 15
14542 Werder (Havel)
03327 724920
www.havel-therme.de

TIEFENENTSPANNT

Havel-Therme

Mein Orientierungssinn ist zugegebenermaßen nicht sehr ausgeprägt, wenn ich mich nicht konzentriere. In die Havel-Therme bin ich zum Entspannen gekommen, das Gegenteil von Konzentrieren, und ich gebe es zu: Ich habe mich komplett verirrt. Das ist mir unangenehm, bis ich mich darauf einlasse, mich in der weitläufigen Therme einfach treiben zu lassen: von einem geheimnisvoll erleuchteten Becken zum anderen, von der Dampf-Sauna zum Orientbereich mit den schönen Holztüren und Ornamenten bis zur ausladenden Terrasse, die den weiten Blick über den Großen Zernsee freigibt. Wie in guten Thermen üblich buche ich Extras kurzerhand aufs Armband und gönne mir im Restaurant spontan ein außerordentlich leckeres Essen sowie anschließend einen Drink im gemütlichen Kaminzimmer.

In der Oliven-Sauna werden beim Aufguss verschiedene Kräuter genutzt, die Gäste dürfen raten und die Atmosphäre ist so fröhlich, dass ich gleich weiter in die *Banja* ziehe. Hier wird es anstrengender, der Saunameister heizt ordentlich ein und schwingt sein Handtuch, sodass einige Gäste ermattet von dannen ziehen. Nix für Weicheier! Die Stimmung ist ausgelassen und mir wird geraten, unbedingt noch das Überraschungs-Event in der *Alhambra* mitzumachen. Gut, einen Saunagang schaffe ich noch. Zu meiner freudigen Überraschung ertönt hier zum Aufguss *AC/DC*, Nebel zieht auf und eine Lichtshow startet. Schön, dass auch in Deutschland der Saunagang mal nicht so stocksteif zelebriert wird und man herzhaft lachen darf. Ich fühle mich ans lockere finnische Saunieren erinnert und schlafe anschließend komplett tiefenentspannt im Ruhebereich *Mediterran* ein. Und das ist mir wirklich noch nie in einer Therme passiert.

Nehmen Sie sich unbedingt genügend Zeit, um alle Saunen und Becken auszuchecken. Das Restaurant ist nicht ganz günstig, aber sehr zu empfehlen.

38

Cafébar
im Brückenhäuschen
Ritterstraße 76
14770 Brandenburg
an der Havel
03381 229048
www.apartment-
mit-havelfloss.de

HEISSE SCHOKOLADE MIT AUSBLICK

Cafébar im Brückenhäuschen

Vor einigen Jahren führte mich ein Ausflug mit den Havelflößen nach Brandenburg an der Havel. Zu dieser Hausbootvermietung gehören auch Appartements, von deren Terrassen aus man die beeindruckende Jahrtausendbrücke gut im Blick hat, welche die Neustadt mit der Altstadt verbindet. Der Anblick der kleinen Häuschen auf der Brücke inspirierte die Inhaber der Havelflöße: So ein Ort wäre doch prädestiniert für ein kleines Café. Damals noch recht einzigartig, kennt man mittlerweile das Konzept des Brückencafés nicht nur von vielen anderen Städten, sondern auch vom gegenüberliegenden zweiten Brückenhäuschen.

Die Kreativität, das Handwerksgeschick und die Liebe zum Detail, mit der Café, Appartements und die Havelflöße in Eigenbau entstanden, begeisterte mich damals nachhaltig. Heute werden die Appartements und Flöße bedauerlicherweise nur noch monatsweise vermietet, kurze Wochenendurlaube sind damit leider passé. Wer sich aber eine längere Auszeit gönnen und Brandenburg an der Havel mitsamt seinem wunderschönen Umland ausgiebig erkunden möchte, ist hier genau richtig.

Aus nostalgischen Gründen kaufe ich mein Eis natürlich weiterhin dort, wo ich damals das erste Mal ein Wochenende auf dem Havelfloß *Kalle* verbrachte, durch die schöne Wasserstadt kajakte und mein erstes Brückeneis aß: In der kleinen Cafébar, neben der man sich einfach an die Havel setzen und sein Softeis, den Kuchen, Cappuccino, Chai oder die heiße Schokolade direkt am Wasser genießen kann.

Damals habe ich festgestellt: Ich würde jederzeit nach Brandenburg an der Havel ziehen, so sehr mag ich mittlerweile die restaurierte, gemütliche und dennoch nicht zu winzige Stadt, die übrigens nur 50 Minuten mit dem Regionalexpress von Berlin aus entfernt ist.

Die Jahrtausendbrücke heißt übrigens so, weil sie ursprünglich zum 1.000-jährigen Bestehen Brandenburgs erbaut wurde. Der notwendige Neubau stammt allerdings von 1996.

39

Nahe der **Tourist-Information** befinden sich einige **Möpse**
Neustädtischer Markt 3
14776 Brandenburg
an der Havel
03381 796360
www.erlebnis-brandenburg.de

VIERBEINIGE DENKMALE

Möpse in der Stadt

Die Liebe Loriots zum Mops ist weithin bekannt, schließlich sinnierte er über die Sinnlosigkeit des Lebens ohne diesen kleinen Hund. Die Stadt Brandenburg an der Havel hat diese Liebe zum Anlass genommen, die beliebten *Waldmöpse* im Geburtsort des bekannten Humoristen auszuwildern. Seit einigen Jahren laufen, stehen und schlafen die knapp kniehohen Skulpturen überall in der Stadt und schauen einen mit treuen Mopsaugen an. Einer liegt im Gras, ein anderer wagt es sogar und hebt ein Bein. Brandenburg an der Havel hat Vicco von Bülow, der als Loriot aus den tristen Deutschen den Humor herauskitzelte wie kaum ein anderer, damit ein ganz besonderes Denkmal hinterlassen: Über 20 Skulpturen der kleinen Hunde mit den Elchgeweihen, die Loriot im Sketch *Tierstunde* vorstellte und zum Kult wurden, hat die Stadt in den letzten Jahren aufstellen lassen.

Hergestellt werden sie von der Bildhauerin und Künstlerin Clara Walter. Geplant waren nur einige Möpse zur Bundesgartenschau 2015, die Figuren wurden allerdings so beliebt, dass sie sich seither von Jahr zu Jahr vermehren – mit einigen Ausnahmen, denn mittlerweile wurden zwei von ihnen gestohlen. Derweil sammelt die Stadt eifrig für die nächsten Exemplare. Der Stadtrundgang wird auf diese Weise zu einer kleinen Entdeckungstour für Groß und Klein. Das Tourismusbüro stellt Karten mit den Standorten zur Verfügung, um die Suche etwas einzugrenzen.

Übrigens: Als Waldmöpse darf man sie hier gar nicht mehr bezeichnen. Im Jahr 2020 wurde beim Deutschen Patent- und Markenamt die Wortmarke *Waldmops* in mehreren Kategorien geschützt, weshalb die Stadt sie nur noch *Möpse* nennt. Daraus hätte der große Vicco von Bülow ganz sicher einen wunderbaren Sketch gemacht.

Die Stadt bietet regelmäßig »Mops-Führungen« an. Informationen zu Terminen finden Sie auf der Webseite.

40

Schloss Paretz
Parkring 1
14669 Ketzin/Havel
OT Paretz
033233 73611
www.paretz-ketzin.de

NOCH SCHLOSS, NOCH HÜTTE

Schloss Paretz

Es gibt manche Orte, die sollte man besser mit etwas Hintergrundwissen besuchen, um auch den Nebengeschichten Aufmerksamkeit zu schenken, die zusammen mit der großen, linear erzählten Historie einen Ort erst lebendig und greifbar machen. Das wurde mir bewusst, als ich das erste Mal im Rahmen einer Führung durch die Räume des Schlosses Paretz schritt.

Schloss Paretz entstand auf den Wunsch des späteren Königs Friedrich Wilhelm III. und seiner Ehefrau Luise hin, die bei einem Besuch des Schlosses Steinhövel so beeindruckt waren, dass sie dessen Architekten David Gilly beauftragten, ganz Paretz entsprechend umzubauen. Es sollte perfekt für die Sommerfrische sein, ein idyllischer Rückzugsort für das Ehepaar in den Sommermonaten, an den die Kinder noch Jahre später gute Erinnerungen haben würden.

Gilly ließ die bestehenden Gebäude abreißen und entwarf das komplette Dorf Paretz neu. Es entstanden mehrere Bauernhöfe, eine Schmiede, ein Gasthaus und eine Kirche im angesagten neugotischen Stil. Nur für den Wohnsitz der königlichen Familie war nicht mehr üppig Geld übrig, und so residierte sie letztlich in einem schlichten, eher gutshausähnlichen Schloss. Vom Äußeren sollte man sich allerdings nicht täuschen lassen: Die Innenräume sind mit aufwendigsten Tapeten ausgestattet und auch einiges vom Originalinterieur ist noch zu sehen. Ich bin immer wieder aufs Neue versucht, die Gold- und Silberfäden, Tiere, Palmen und Reliefs zu ertasten – das geht natürlich nicht, denn die Tapeten sind restaurierte Originalstücke, 1945 von Privatleuten gerettet und im 21. Jahrhundert wieder im Schloss platziert.

Eine Führung durch die Gemächer haucht den Wänden wieder Leben ein, so wie es Theodor Fontane vor 100 Jahren in seinem Werk *Wanderungen durch die Mark Brandenburg* tat, nachdem Paretz schon fast vergessen worden war.

Dem etwas abseits gelegenen Schloss kann man sich mit einer wunderbaren Havel-Fahrradtour nähern, eine Fährfahrt bringt einen anschließend nach Paretz.

Romantischer Bewuchs an der Alten Brennerei im Örtchen Ribbeck im Havelland

41

Naturschutzstation Döberitzer Heide
Zur Döberitzer Heide 7
14641 Wustermark-Elstal
www.doeberitzerheide.de

WILDNISSPAZIERGANG

Döberitzer Heide

Vielleicht sind Sie nicht so ein Herbstmensch wie ich. Ich habe Ende August Geburtstag und liebe diese Zeit, denn immer habe ich ein paar Tage vorher den Herbst in der Nase. Irgendwas riecht anders, fast unmerklich, aber doch spürbar mischt sich ein winziger kühler Hauch in die warme Sommerluft.

Bei mir tauchen dann sofort endlose Kürbisfelder, orangerote Bäume, kuschelige Wollpullis und heiße Schokolade vor meinem inneren Auge auf. Vorboten dieser Jahreszeit sind etwa die satten Lilatöne der Heide, die sie jedes Jahr von Ende August bis Anfang September schmücken – es sei denn, die Heide ist mal wieder im viel zu trockenen Sommer verdorrt.

Rund um Berlin gibt es mehrere Möglichkeiten, das Naturschauspiel zu erleben. Einer meiner Favoriten ist die Döberitzer Heide, die zu ausgiebigen Spaziergängen einlädt, denn sie ist riesig, auch im Sommer ohne Lilafarben schön und hat Spannendes zu bieten. Das Areal wurde knapp 100 Jahre lang ausschließlich militärisch genutzt und nicht bewirtschaftet. So konnten sich viele seltene Pflanzen- und Kleintierarten ansiedeln.

Das Wildnisgroßprojekt mit Naturschutzgebiet liegt eher im südöstlichen Teil, fernab des Trubels von *Karls Erlebnishof*. Wer früh genug da ist und bereits gegen acht Uhr an der umzäunten Wildniszone steht, kann mit Glück die hier ausgewilderten Przewalski-Wildpferde und Wisente beobachten. Entlang des Geheges gibt es einen Rundweg, an Fahrradfahren ist aufgrund des lockeren Sandbodens nicht zu denken. Der Aussichtsturm Finkenberg bietet einen wunderbaren 360-Grad-Blick über die Naturlandschaft, von dem sogar die etwa 15 Kilometer entfernte Radarstation auf dem Teufelsberg im Grunewald zu erspähen ist, bei guten Wetterverhältnissen obendrein der Fernsehturm.

Nehmen Sie ein Navi und etwas zu trinken mit. Es haben sich schon mehrere Menschen im Gelände verirrt und mussten gerettet werden. Kein Witz!

42

Frau Wesche's Waschhaus Café
Am Birnbaum 11
14641 Nauen-Ribbeck
0170 4171955
www.waschhaus-ribbeck.de

Theater der Frische
0177 3845026
www.theaterderfrische.de

DIE SCHÖNSTEN BIRNEN

Frau Wesche's Waschhaus Café in Ribbeck

»Herr von Ribbeck auf Ribbeck im Havelland, | Ein Birnbaum in seinem Garten stand, | Und kam die goldene Herbsteszeit | Und die Birnen leuchteten weit und breit, | Da stopfte, wenn's Mittag vom Turme scholl, | Der von Ribbeck sich beide Taschen voll« – Fontanes Gedicht *Herr von Ribbeck auf Ribbeck im Havelland* kennen Sie bestimmt.

Das kleine Örtchen Ribbeck hat heute noch mehr zu bieten als den berühmten Birnbaum in dritter Generation: Im neobarocken Schloss gibt es ein kurzweiliges Regionalmuseum und der alte Pfarrgarten wurde gemeinschaftlich restauriert. Vor allem verbirgt sich hinter den hohen Backsteinmauern der alten Brennerei eines der köstlichsten Cafés in Brandenburg: *Frau Wesche's Waschhaus Café,* berühmt für seine edlen Torten.

Die Hauptrolle spielt – natürlich – die Birne: Jede der hier erdachten Kreationen beinhaltet mindestens eine Birnenzutat, von Fontane-Birne bis zur Cappuccino-Birnen-Torte, Heidelbeer-, Nougat-, Ingwer- und Aroniabeer-Torte … Wie soll ich mich da bloß entscheiden? Wie gut, dass Besitzerin Marina Wesche das Gästeproblem kennt und einen Probierteller anbietet. Die süßen Köstlichkeiten sind allesamt ein Gedicht. Mindestens so schwierig ist die Wahl des Kaffees, natürlich alles handgebrüht. Nachdem ich die vielen Möglichkeiten studiert habe, lasse ich mich auf den Birnenkaffee ein, einen Kaffee mit einem Hauch Birnensirup – süß und lecker.

Ein kleiner Hofladen mit Naschereien aus der Region ergänzt das Angebot. Anschließend unbedingt noch eine Runde durch den Ort machen, der von der Gemeinde und insbesondere der Familie von Ribbeck liebevoll gehegt wird, und einmal an der goldenen Birne reiben, die neben der Kirche steht – das bringt bestimmt Glück.

Regelmäßig führt das *Theater der Frische* in Ribbeck szenische Ortsführungen durch. Sehenswert!

43

Flugplatz Bienenfarm
Lindholzfarm 3
14641 Paulinenaue
033237 88280
www.flugplatz-bienenfarm.de

HOCH ÜBER DEM HAVELLAND

Flugplatz Bienenfarm

Wer ein Fan von historischen Flugzeugen ist, wird den Oldtimer-Flugplatz *Bienenfarm* kennen. Im Sommer kann man am Wochenende im gemütlichen Biergarten sitzen und mit Glück einige Starts und Landungen sehen. Regelmäßig öffnet der Oldtimerverein *Quax* die Pforten des neuen Hangars und Besucher dürfen alle historischen Flugobjekte bestaunen und Schnupperflüge unternehmen.

Als es bei mir so weit ist, müssen mehrere Leute die Flugzeuge per Hand hin und her puzzeln, bis mein Pilot seine Maschine aus dem Hangar ziehen kann. Obwohl ich weder besonders groß noch breit bin, habe ich Sorge, nicht in den Sitz zu passen, und sehe beim Einsteigen vermutlich aus wie ein unorganisierter Tintenfisch. Irgendwie klappt es doch, ich lasse mich in den gemütlichen, schon breit gesessenen alten Ledersitz sinken und setze mein Headset auf, um mit dem Piloten vor mir sprechen zu können. Ich bin ein bisschen beruhigt, denn ich werde von einem sehr erfahrenen Piloten geflogen. Als wir abheben, geht ein Fenster auf, das ich wieder zufummeln muss – so etwas kenne ich auch von meinem alten VW T3.

Wir fliegen hoch über das Havelland hinweg, ich sehe die schnurgeraden Felder und erkenne sogar das Schloss Ribbeck, an dem ich eben mit dem Fahrrad vorbeigefahren bin. Auf dem Rückweg fliegen wir so langsam, dass wir fast in der Luft stehen. »So was geht nur mit dieser Maschine«, lacht der Pilot, und er lacht noch lauter, als ich besorgt frage, ob wir nicht gleich herunterfallen können.

Viel zu schnell ist der Flug wieder vorbei. Dieses Erlebnis verarbeite ich anschließend im gemütlichen Biergarten, wo ich mir die Sonne ins Gesicht scheinen lasse und noch weitere Starts und Landungen der alten Maschinen beobachte.

An welchen Tagen der Flugplatz für Nichtmitglieder geöffnet ist, steht auf der Webseite. Ebenso sind dort die Termine der Veranstaltungen und Schnupperflüge aufgeführt.

44

Storchenschmiede
Nauener Straße 54
16833 Fehrbellin-Linum
033922 50500
www.storchenschmiede.org

Vögel des Glücks

Kranichbeobachtung an den Linumer Teichen

Seitdem ich das erste Mal an der Küste Mecklenburg-Vorpommerns zwischen Tausenden Kranichen stand und dem lauten Trompeten lauschte, das die imposanten Tiere stets von sich geben, bin ich vernarrt und verspüre tatsächlich das Gefühl des Glücks, wann immer ich diese Vögel vernehme. Im Herbst höre ich sie häufig auf ihrem langen Weg ins Warme, wenn eine Gruppe über meinen Kopf hinwegfliegt oder ich mit dem Fahrrad an einem Feld vorbeikomme, wo sich ein paar Exemplare gerade Nahrung beschaffen. Manchmal aber sehne ich mich nach diesem Erlebnis zwischen Tausenden Kranichen zurück.

Wer den weiten Weg zur Küste nicht auf sich nehmen will, kann auch nach Linum nahe Berlin fahren. Das Rhin-Havelluch mit dem kleinen Ort Linum ist einer der größten Kranichrastplätze Europas. Sie bevorzugen zum Schlafen Wasserstellen, um vor Fressfeinden geschützt zu sein. Die gemeinnützige GmbH *Storchenschmiede* unterhält, vom NABU unterstützt, in Linum ein Informationszentrum und bietet diverse Kranichführungen an.

Nach einem kleinen Vortrag geht es gemeinsam in Richtung der Teiche. Wer allerdings meint, Kraniche hautnah zu erleben, wird enttäuscht: Die Tiere reagieren sehr empfindlich auf Störungen, daher werden die Schlafplätze entsprechend gesperrt. Sie benötigen ein gutes Fernglas und ebenfalls ein sehr gutes Objektiv, falls Sie die Vögel fotografieren möchten. Da die Tiere tagsüber auf Futtersuche sind, eignet sich zur Beobachtung am besten die Abenddämmerung, in der die riesigen Vögel mit einer Spannweite von bis zu 2,5 Metern zu ihren Schlafplätzen zurückkehren. Das Highlight: Wenn Tausende Kraniche gleichzeitig ankommen und sich trompetend begrüßen. Und ob Sie es glauben oder nicht: Kraniche tanzen tatsächlich. Ich habe es selbst gesehen.

Halten Sie sich bitte unbedingt an die Absperrungen und Abstandsregeln. Im schlimmsten Fall fühlen die Tiere sich gestört und kommen im nächsten Jahr nicht wieder.

45

Alte Lebkuchenfabrik
Berliner Straße 4
16766 Kremmen
033055 212473
www.lebkuchenfabrik.com

IM SCHÖNSTEN CAFÉ

Café-Pension *Alte Lebkuchenfabrik*

Auf einer sehr schönen Fahrradtour von Vehlefanz nach Neuruppin kam ich eines Tages in der Stadt Kremmen vorbei, über die mir bereits vorgeschwärmt worden war. Das alte Scheunenviertel ist sehr sehenswert, das saniert und aufgepeppt heute komplett unter Denkmalschutz steht. Eine wunderbare Kirche und zahlreiche alte Häuser mit alten Ladenbeschriftungen schmücken den Ort ebenso wie die *Alte Lebkuchenfabrik*.

Sie ist heute keine Lebkuchenfabrik mehr, sondern wurde behutsam saniert und in ein Café und eine Pension umgewandelt. Der Hof des roten Backsteingebäudes verzaubert mit verzierten Metalltischen und -stühlen und unendlich vielen Blumen. Der Innenraum neben dem Lebkuchenofen, in dem für alle sichtbar nun ein großes Lebkuchenmenschlein lebt, ist weiß getüncht, die alten Gewölbedecken und Backsteinmauern sind noch sichtbar. Selbst die alten gusseisernen Einfachfenster wurden nicht lieblos erneuert, stattdessen schützt ein extra Glas vor unangenehmer Zugluft. Ein Sammelsurium aus herrlichen, ausgewählten Holzstühlen, Tischen mit je einem Blumensträußchen sowie einem Sofa zaubern die Gemütlichkeit eines Wohnzimmers. Komplettiert wird das zu meiner Freude mit einem bollernden Kaminofen – es ist bereits Oktober und schon ziemlich frisch. Ich bin recht früh hier und nicht dreist genug, mir schon am Vormittag eines der leckeren Hauptgerichte zu bestellen. Also nehme ich ein Drei-Käse-Hoch-Frühstück und werde mit einer köstlichen Gemüse-Käseplatte und Vollkornbrötchen beglückt.

Wenn ich Ihnen jetzt noch erzähle, dass natürlich möglichst regionale Zutaten verwendet werden, alle wahnsinnig freundlich waren und ich unbedingt wiederkommen will, glauben Sie mir vermutlich kein Wort. Doch ich schwöre: Es ist eines der schönsten Cafés in Brandenburg.

In der *Alten Lebkuchenfabrik* gibt es auch schöne Pensionszimmer zu mieten. Aber bitte verraten Sie das nicht weiter.

46

Kamelhof Nassenheide
Am Dorfanger 12
16775 Löwenberger
Land-Nassenheide
0177 3019530
www.kamelhof-
nassenheide.de

WÜSTENSCHIFFE IN BRANDENBURG

Kamelhof Nassenheide

Vor einigen Jahren nahm ich mir fest vor, die *Kleine Kulturgeschichte des Kamels* zu schreiben. Also reiste ich nach Kasachstan, um dort ein paar Tage auf einer Kamelfarm auszuhelfen und die Tiere zu studieren. Zu meinem Bedauern handelte es sich um eine Dromedarfarm. Wer sich ein wenig mit den Altweltkamelen auskennt, weiß, dass in Kasachstan eigentlich Trampeltiere heimisch sind, und genau die hatte ich kennenlernen wollen. Trampeltiere sind die mit den zwei Höckern, im Gegensatz zu Dromedaren mit nur einem Höcker. Der Aufenthalt auf der Kamelfarm war leider eine ziemlich traumatische Erfahrung, da die Tiere wegen der Milch gehalten und schrecklich geschunden wurden.

Zurück in Deutschland nahm ich mir fest vor, mein Kameltrauma zu überwinden und Zeit mit Trampeltieren zu verbringen. Nach einigen Recherchen stieß ich auf den Kamelhof Nassenheide, der damals noch ein Geheimtipp ohne feste Öffnungszeiten war. Nach einigen Telefonaten mit der Hausherrin schnappte ich mir den Mann und das Patchwork-Kind, und wir erlebten das, was man heute beim Kamelhof als *Erlebnisstunde Kamel* buchen kann: Es gibt eine kleine Einführung, dann wird gebürstet, gestreichelt und gekuschelt, wenn das Kamel das denn will. Anschließend wird eine Runde geritten. Besitzerin Gabi erzählt derweil von den Eigenschaften dieser Tiere und ich habe ein klein wenig den Eindruck, dass sie sich einen Teil des Kamelgemütes angeeignet hat. Das ist durchaus ein großes Kompliment von einer Kamelbegeisterten wie mir!

Sobald ich kann, werde ich mich gleich für mehrere Tage anmelden, der Hof bietet seit einiger Zeit Reit- und Pflegemöglichkeiten gegen Garten- und Hofarbeit an – das klingt nach einem hervorragenden Deal. Die *Kleine Kulturgeschichte des Kamels* habe ich übrigens bislang nicht geschrieben. Das kommt sicher noch.

Nehmen Sie sich etwas zu essen mit und fragen um Erlaubnis, auf dem schönen Hof anschließend noch kurz picknicken zu können. Das gerade Erlebte kann so wunderbar sacken.

47

Liepnitzsee
16348 Wandlitz
www.liepnitzinsel.de

KARIBIK ZWISCHEN BUCHEN

Liepnitzsee

Sobald die ersten Sonnenstrahlen Berlin anwärmen, scheinen sich sämtliche Berliner an Badeseen zu tummeln. Wer auf eine freie Badestelle hofft, fährt ein bisschen weiter ins Umland. Perfekt dafür: Der Liepnitzsee, gehandelt als einer der schönsten der über 3.000 Seen in Brandenburg. Der Liepnitzsee mag kein Geheimtipp mehr sein, aber ohne direkten Bahnanschluss ist er immer noch etwas leerer als viele andere. Die Uferseiten sind bewachsen, unzählige kleine sandige Einstiegsstellen laden dazu ein, in das glasklare und an manchen Tagen erstaunlich türkisgrüne Wasser zu springen. Die Sicht beträgt an guten Tagen bis zu fünf Meter – da kommt schon fast Karibikgefühl auf.

Von Wandlitz aus geht's drei Kilometer durch einen wunderbaren Buchenwald. Angekommen am südwestlichen Ufer, liegt vor einem eine beliebte Badestelle, ein kleines Strandbad ist gleich in der Nähe, bei dem Boote gemietet werden können, um rüber auf die Insel Große Werder zu rudern. Wer nicht selbst Hand anlegen möchte, kann zu einer der Fähranleger in Ützdorf gehen. Einmal stündlich – oder wenn genügend Leute winken – kommt die Fähre *Frieda* vorbei und setzt über. Auf der Insel gibt es allerdings außer einem Campingplatz mit Dauercampern nicht viel zu sehen. Snacks zur Stärkung bietet das kleine Gartenlokal *Insulaner Klause.*

Am schönsten ist eine komplette Runde um den See. In acht Kilometern geht es rundum und das ist insbesondere im Nordteil lohnend, denn hier befindet sich ein kurzer Höhenweg, von dem man herrliche Ausblicke auf den See und dessen beeindruckende Farbe hat. Ein paar Tische laden zwischen den Buchen zum Picknicken ein.

Bitte denken Sie immer dran: Böschungen und Uferbewuchs nicht zertrampeln. An Seen sind sie stets empfindliche und wichtige Zonen für die Fauna.

Den Besuch kann man hervorragend mit einer Fahrradtour von Karow oder Bernau aus verbinden. Vorschläge für Touren gibt es auf www.komoot.de.

48

Schönower Heide
Startpunkt Rundgang:
Parkplatz
Schönwalder Chaussee
16321 Bernau bei Berlin
www.barnim-naturpark.de

LILA LAUNE

Schönower Heide

Ich liebe die Heide. In meinen Kindertagen sind wir in die Lüneburger Heide gefahren und das hat mich geprägt, sodass ich die hübsche, im Herbst mit Lilatönen überzogene Landschaft im warmen Spätsommerlicht noch heute großartig finde. Heidelandschaften haben nur einen Nachteil: Sie sind für Leute ohne Auto meist schwierig zu erreichen und schlecht mit dem Fahrrad zu erschließen, weil man im Sand stecken bleibt. In der Schönower Heide ist das anders, denn hier führt ein fester Schotterweg einmal rund durch die blühende Natur.

Es ist ein heißer und trockener Sommer gewesen, vom Lila sei nicht viel zu sehen, hieß es auf Anfrage. Ich versuche es trotzdem. Anfangs erblicke ich viel Sand und schaue Baggerarbeiten zu, die die kargen Flächen erhalten. Die wenigen Tiere würden nicht verhindern, dass diese Sukzessionsfläche nach und nach verbuscht, deshalb muss der Mensch nachhelfen.

Ursprünglich war die Schönower Heide, wie eigentlich alle Heideflächen in Brandenburg, militärisches Gebiet. Schwere Panzer hinterließen eine sandige Brachfläche, um die sich niemand kümmerte. So entwickelte sich eine natürliche Heide- und Birkenlandschaft. Würde man die Fläche weiterhin in Ruhe lassen, würden sich mehr und mehr Pflanzen- und Baumarten ansiedeln und eine dichte Vegetation ergeben. Das jedoch würde die seltenen Tierarten wie die Blauflügelige Ödlandschrecke verdrängen, die sich hier mittlerweile wohlfühlen. Also erhält man den derzeitigen Zustand. Auch das Dam-, Rot- und Muffelwild hilft dabei, indem es die jungen Gehölze abbeißt. An weniger heißen Tagen kann man die Tiere gut beobachten.

Beim Aussichtsplatz hüpft mein Herz: Vor mir ergießt sich ein Meer aus Lila, aller Trockenheit zum Trotz.

Anfahrt über Bernau oder S-Bahnhof Zepernick. Der Eingang mit Wanderkarte und Lageplan liegt an der Schönwalder Chaussee zwischen Schönow und Schönwalde.

49

Beginnen Sie Ihren **Altstadtspaziergang** an der **Tourist-Info Bernau**
Bürgermeisterstraße 4
16321 Bernau bei Berlin
03338 376591
www.bernau-besuchen.de

Café Mühle
Mühlenstraße 4–6
16321 Bernau bei Berlin
03338 398400
www.cafemuehle-bernau.de

FLUGS INS MITTELALTER

Spaziergang durch die Altstadt

Es gibt nichts Ultimatives in Bernau, nicht die beste Eiscreme Brandenburgs, das älteste Wohnhaus Preußens oder Vergleichbares. Doch wenn Sie eine richtig alte Stadt mit Fachwerk und mittelalterlicher Stadtmauer mal eben besuchen wollen, steigen Sie einfach am Bahnhof Friedrichstraße oder auch schon in Blankenfelde in die S2 ein und in Bernau wieder aus. Zum alten Steintor, das zum Altstadtkern gehört, sind es dann nur noch 300 Meter.

Positionieren Sie sich auf dem Platz vor dem Hungerturm, der zur alten Stadtmauer gehört, und stellen sich vor, dass hier bereits in der Mittelsteinzeit (7.000 vor Christus) Menschen siedelten, wie archäologische Untersuchungen gezeigt haben. Beeindruckend.

Anfang des 13. Jahrhunderts entstand schließlich die heutige Stadt Bernau, günstig am Ufer der Panke gelegen. Der Sage nach genoss einst Albrecht der Bär, Begründer der Mark Brandenburg, hier in einem Wirtshaus ein so gutes Bier, dass er beschloss, eine Stadt zu gründen. Eine schöne Sage, zumal Bernau tatsächlich jahrhundertelang über die Grenzen der Mark hinaus wegen des guten Bieres berühmt war – wen kümmert es da, dass Albrecht im 12. Jahrhundert gelebt hat. Bei rund 300 Häusern im Ort gab es schon im Mittelalter weit über 100 Braustellen. Das Bier soll auch ein Grund gewesen sein, weshalb die Bernauerinnen und Bernauer im Jahr 1432 den Hussiten standhielten: Sie schütteten angeblich die heißen Treber, die Rückstände vom Braumalz, über die Angreifer.

Spazieren Sie die Stadtmauer entlang und bewundern Sie die Marienkirche, altes Fachwerk, das Mühlentor und das Kantorhaus. 1924 ging die erste elektrisch betriebene Stadtbahn der Welt in Betrieb und verband Bernau mit Berlin. Seitdem ist Bernau beliebtes Ausflugsziel – probieren Sie es mal aus.

Das Heimatmuseum befindet sich im Steintor samt Hungerturm, von dem aus man einen tollen Blick über die Stadt hat. Das schöne Café Mühle am Mühlentor bietet tolles Frühstück, Kaffee und leckeren Kuchen.

50

Museumsbahn Buckower Kleinbahn e.V.
Bahnhofstraße 1
15377 Buckow
03343 357578
www.buckower-kleinbahn.de

Auf alten Gleisen

Buckower Kleinbahn

Die Kleinbahn rattert über die alten Gleise, durch Wald und Wiesen. Ab und an hupt der Fahrer, eher aus Spaß denn aus Notwendigkeit, habe ich den Eindruck. In Müncheberg habe ich auf den nostalgisch anmutenden Holzbänken mit roten Sitzbezügen Platz genommen, bis mich die offene Tür des Führerhäuschens lockt. Der erstaunlich junge Fahrer ist eigentlich S-Bahn-Fahrer aus Berlin, hat gerade Urlaub und engagiert sich heute ehrenamtlich. Wir plaudern und so erfahre ich, dass er Mitglied im Verein Berliner Eisenbahnfreunde ist, der die eingleisige Strecke der Buckower Kleinbahn mittlerweile unterhält.

Immer am Wochenende während der Sommersaison fährt die Schmalspurbahn auf den fünf Kilometern zwischen Buckow und Müncheberg hin und her und hält einmal in Waldsieversdorf. Die offizielle Nutzung ist längst eingestellt, doch der Betrieb ist bei den Touristen damals wie heute beliebt. Seit 1897 besteht die Verbindung, bereits 1925 wurden rund 180.000 Personen jährlich transportiert und sie war während der DDR eine der am besten ausgelasteten Nebenstrecken, denn Buckow war ein populäres Ziel für die Sommerfrische, dem Wechsel von der Stadt aufs Land zur Erholung. Was zuerst der Aristokratie vorbehalten war, verbreitete sich mit dem Aufkommen des wohlhabenden Bürgertums. Sommervillen wurden errichtet und so entstanden in vielen Orten, wie auch in Buckow, hübsche Sommerhäuser, gerne im Heimatstil. Wer sich kein eigenes Domizil leisten konnte, mietete sich eine Weile auf dem Land ein. Anders ausgedrückt: Die Sommerfrische ist der Vorläufer unserer Sommerferien.

Der Schaffner schaut im Führerhäuschen vorbei. Eisenbahnergespräche. Ich schaue aus dem Fenster, lasse mich vom Rattern einlullen und denke wie vermutlich schon Tausende vor mir: Schade, dass der Sommer bald schon wieder vorbei ist.

Sie können einfach am Wochenende mit der Bahn bis nach Müncheberg fahren und von dort in die Buckower Kleinbahn umsteigen, die ungefähr stündlich fährt. Den Fahrplan finden Sie auf der Webseite.

51

Brecht-Weigel-Haus Buckow
Bertolt-Brecht-Straße 30
15377 Buckow
033433 467
www.brechtweigelhaus.de

Eiskörbchen Rohsmeisl
Hauptstraße 7
15377 Buckow
0171 2158463
https://eiskoerbchen-rohsmeisl.eatbu.com

EINE VILLA AM SEE

Brecht-Weigel-Haus Buckow

Im 20. Jahrhundert entwickelte sich Buckow bei Künstlern, Künstlerinnen und Intellektuellen zu einem hippen Ausflugsziel, nicht zuletzt, weil sich 1952 auch das Ehepaar Bertolt Brecht und Helene Weigel hier niederließ. Wer etwas auf sich gab, verbrachte hier die Wochenenden oder die Sommerfrische. Brecht und Weigel verlegten gleich den festen Wohnsitz in die großzügige Villa am See.

Beim Eintritt in das heute zum Museum umgewandelte Haus bin ich zunächst etwas enttäuscht, denn es sind lediglich die unteren Räume frei zugänglich. Doch als ich gerade im kleinen Vorraum einige Briefwechsel des marxistischen Dichters und Denkers studiere, verheißt das aus dem Wohnzimmer ertönende »Aaaah« und »Ooooh« Vielversprechendes, und tatsächlich lohnt sich allein dieser Anblick für einen Besuch. Das riesige Galeriefenster betont die Höhe des Raumes, der die ganze Rückseite des Hauses einnimmt, und eröffnet ein fantastisches Panorama auf den riesigen Garten. Ein Steg führt vom Ufer zwischen hohem Schilf direkt zum Schermützelsee, und als wäre das noch nicht genug, fährt in diesem Moment bilderbuchmäßig ein weißes Segelboot vorbei.

Im Gartenhaus befindet sich der originale Planwagen aus der Inszenierung des Dramas *Mutter Courage und ihre Kinder* im Deutschen Theater und einige Kostüme von Helene Weigels Aufführungen. In dem kleinen Häuschen soll Brecht eine seiner Geliebten untergebracht haben, zumindest finden sich in seinen *Buckower Elegien* einige Hinweise darauf. Die Beziehung zwischen Helene und ihm war, so sagt man, mitunter schwierig.

Ein letzter Blick durch das Fenster und auf den See. Ich seufze leise. Ob dieses Buch sich hier wohl besser schreiben würde?

Buckow lohnt sich auch für einen Spaziergang rund um die Seen. Bestes Zitroneneis gibt es im *Eiskörbchen Rohsmeisl.*

Blick auf die Fürsten-
walder Spree von der
Kaiser-Wilhelm-Brücke

52

Oderbruchbahn-Radweg
Startpunkt: Bahnhof Fürstenwalde
Am Bahnhof 1
15517 Fürstenwalde (Spree)
www.seenland-oderspree.de

AUF ALTEN TRASSEN

Oderbruchbahn-Radweg

Früher bin ich ausschließlich Fahrrad gefahren. Nach meinem Umzug in die Hauptstadt hörte das auf, der Berliner Verkehr ist mir viel zu stressig. Ab und an, wenn ich das Fahrradfahren zu sehr vermisse oder einen größeren Rechercheauftrag in Brandenburg habe, bleibt mir als Führerscheinlose wenig anderes übrig, als mich mit meinem Fahrrad in eine Regionalbahn zu zwängen (nicht immer ein Vergnügen). Sobald ich mich aber am Zielbahnhof in den Sattel schwinge, glucksen die Glückshormone im Bauch. Am allerbesten ist es, wenn ich eine tolle Fahrradstrecke vor mir habe.

Eine der schönsten Strecken Brandenburgs ist die Trasse der alten Oderbruchbahn, die vor über 100 Jahren angelegt und seit diesem Jahrtausend schrittweise zum Fahrradweg umgebaut wurde. Zwar ist der Abschnitt zwischen Fürstenwalde und Wriezen am bekanntesten, tatsächlich aber verfügte die Oderbruchbahn über ein ganzes Schienennetz, auf dem Waren von kleinen Orten zu den Hauptstrecken gebracht wurden. Eine meiner Lieblingstouren führt nicht durch das Oderbruch, sondern von Fürstenwalde über das hübsche Schloss Steinhöfel und den Behlendorfer Schinkelhof nach Müncheberg, von wo aus man mit der Buckower Kleinbahn einen Abstecher nach Buckow machen kann.

Wer seine Augen offen hält, wird in vielen Obstbaumalleen, die in preußischer Tradition am Wegesrand wachsen, zur richtigen Zeit reiche Ernte finden. Alte Apfelsorten glänzen im Sonnenschein, Birnen, Pflaumen, Kirschen und Holunder hängen verführerisch auf Augenhöhe. Das Pflücken ist auf öffentlichem Grund erlaubt.

Der Weg führt durch Felder und Waldstücke, schmucke kleine Ortschaften, an Maispflanzen und Sonnenblumen vorbei und die Ruhe ist sogar am Wochenende erstaunlich. Der Oderbruchbahn-Radweg scheint noch immer ein echter Geheimtipp zu sein.

Wer lieber nach Osten fährt, hat beim Ort Zollbrücke Anschluss an den Oderradweg oder macht einen Schlenker zum Kulturhafen Groß Neuendorf.

53

Rauener Markgrafensteine
Startpunkt Wanderung:
Parkplatz Rauensche Berge
Am Ende der Saarower Straße
15518 Rauen

Fürstenwalder Tourismusverein e.V.
Mühlenstraße 1
15517 Fürstenwalde
03361 760600
www.fuerstenwalde-tourismus.de

VON WELTWUNDERN UND SUPERLATIVEN

Rauener Markgrafensteine

Die beiden größten Findlinge Brandenburgs stammen ursprünglich aus Schweden und gelangten durch das »Eiszeit-Geschiebe« bis zu uns nach Brandenburg. Wer wie einst Fontane »eines der sieben märkischen Wunder« erwartet, mag allerdings beim ersten Anblick zunächst enttäuscht sein. Sollten Sie gerade an den Markgrafensteinen stehen, denken Sie daran, dass Sie immerhin einen 1.420 Millionen Jahre alten Granit vor sich haben, um den sich zahlreiche Geschichten ranken.

Einst soll hier der Teufel in seinem Schloss residiert und eine Jungfrau im Innern festgehalten haben, die noch heute ab und an zu hören sein soll. Zudem wird gemunkelt, dass genau an diesem Ort der berüchtigte Semnonenhain verortet ist, in Tacitus‹ Schrift *Germania* um 100 nach Christus erwähnt, wo der Stamm der Semnonen Menschen für ihre Götter opferten.

Weshalb der Große Markgrafenstein gar nicht mehr so groß ist wie einst, ist dem Preußenkönig Friedrich Wilhelm III. zu verdanken. Dieser beauftragte den berühmten Steinmetz Christian Gottlieb Cantian, ihm eine Granitschale für das Alte Museum am Lustgarten in Berlin anzufertigen, die an Größe bitteschön einer Schale des »Bachelor Duke« von Devonshire überlegen sein solle. Cantian kannte die Vorliebe des Königs für Superlative, versprach ein Riesending, spaltete das benötigte Material vom Großen Markgrafenstein ab, das ging schief, spaltete noch einmal und transportierte die fast fertige Schale mit knapp sieben Metern Durchmesser auf einer extra angelegten Trasse zur Spree. Von dort schipperte das eigens dafür gebaute Holzschiff das Meisterwerk nach Berlin.

Die Schale, viel zu groß für die ursprünglich angedachte Position, fand ihren Platz vor dem Lustgarten. Und da steht das Biedermeier-Weltwunder tatsächlich noch heute.

Die Wanderung durch die Rauenschen Berge lohnt sich auch für den nahe gelegenen Aussichtsturm und das schöne Städtchen Bad Saarow. Oder Sie fahren einfach zum Lustgarten auf die Museumsinsel Berlin.

54

Stadtspaziergang durch Bad Saarow
Startpunkt: **Tourist-Information Bad Saarow**
Bahnhofsplatz 4
15526 Bad Saarow
033631 438380
www.bad-saarow.de

SaarowTherme
Am Kurpark 1
15526 Bad Saarow
033631 8680
https://therme.bad-saarow.de

UNTER REICHEN

Stadtspaziergang

In Bad Saarow flattert immer noch der Glamour der Gründerzeit umher. In den 1910er- und 1920er-Jahren entdeckte die Berliner Boheme und das gehobene Milieu die Schönheit des »Märkischen Meeres«, wie Fontane den Scharmützelsee kurz zuvor in seinen *Wanderungen durch die Mark Brandenburg* genannt hatte, und tingelte am Wochenende zur Erholung nach Saarow, darunter Persönlichkeiten wie Max Schmeling und Maxim Gorki.

Bald schon war durch den Bahnanschluss ein ansehnliches Bahnhofsgebäude erforderlich. Man wollte ihn schlicht, aber vornehm gestalten – so entstand eine dreiflügelige Anlage mit Säulengang, mehreren Ladenpassagen und Wohnungen darüber. Das heute unter Denkmalschutz stehende Ensemble ist für mich einer der schönsten Bahnhöfe in ganz Brandenburg. Zusätzlich wurden in dieser Zeit viele beeindruckende Villen errichtet. Während der Novemberpogrome 1938 und im Zweiten Weltkrieg wurde ein erheblicher Teil der Bauwerke durch die Nationalsozialisten zerstört. Dennoch finden sich heute noch einige der alten und teils sehr besonderen Villen entlang der Straßen mit Seeblick, darunter das schöne Maxim-Gorki-Haus in rustikalem, skandinavischem Holzbaustil mit zahlreichen Verzierungen und Schnitzereien. Fast noch hübscher ist das *Schwedenhaus* weiter südlich Richtung Wendisch-Rietz. Einen Stadtspaziergang kann man sich sogar akustisch begleiten lassen, auf der Webseite der Stadt gibt es eine MP3-Datei zum Download, die passende Karte ist in der Touristeninformation im Bahnhof erhältlich.

Saarow entwickelte sich zum Kurort, eine Heilquelle wurde gefunden und 1923 erhielt die Stadt den Zusatz Bad. Doch es sollte noch bis 1998 und zur Errichtung der *SaarowTherme* dauern, bis Bad Saarow das erste staatlich anerkannte Heilbad Brandenburgs wurde.

Die *SaarowTherme* ist eine der modernsten Thermen Brandenburgs. Ein Besuch im Winter, wenn es knackig kalt ist und der Scharmützelsee gefroren, ist fast schöner als im Sommer.

55

KaffeeRösterei Bad Saarow
Seestraße 2a
15526 Bad Saarow
0173 3079845
www.kaffeeroesterei-badsaarow.de

GENUSS ODER SUCHT?

KaffeeRösterei Bad Saarow

Die Geschichte des Kaffees war hierzulande mitunter schwierig. Der Alte Fritz zum Beispiel, König von Preußen, trank lieber Tee, um sich vom kaffeetrinkenden »Weibsvolk« abzusetzen. Zwischendurch war der Genuss sogar verboten, später wurde eine Steuer darauf eingeführt. Im 19. Jahrhundert machte das herbe Heißgetränk das Proletariat fit für den industriellen Arbeitsalltag. Zum ersten Mal wurden Kaffeepausen eingeführt, denn Unternehmer hatten den Wert des Energiekicks für ihre Arbeiter erkannt.

In einer einzelnen Röstung steckt viel Wissen: Auf die Bohne kommt es an, auf die Röstung natürlich und am Ende besonders auf Mahlgrad und Zubereitung. Das weiß zum Beispiel Katja Straube, die in Bad Saarow die *KaffeeRösterei* betreibt. Die Coffeologin hat am *Coffee Consulat* in Mannheim gelernt. Sie ist daher so etwas wie eine Kaffee-Sommelière und unterscheidet Bohne und Röstungen mit dem Gaumen. Von den Galapagosinseln bis Afrika kommen die Kaffeesorten, die sie im Laden verkauft. Nachhaltigkeit und fairer Handel sind ihr besonders wichtig. Im zugehörigen Café bereitet sie jede Tasse des duftenden Gebräus einzeln zu, die Milch wird per Hand geschäumt. Dabei kann zwischen verschiedenen Brüh-Arten gewählt werden, beispielsweise Türkischer Kaffee, French Press oder sogar Filterkaffee – Letzterer natürlich manuell gefiltert. Ich bin überrascht, schließlich habe ich jahrelang Filterkaffee als schlechte Plörre abgetan.

Letztendlich überzeugt mich die Türkische Brühung am meisten, wobei mir mein Gaumen leider nicht eindeutig signalisiert, ob ich Nuancen von Johannisbeere, Kirsche oder Grapefruit schmecke. Und ich muss mich an den herben Geschmack des puren Kaffees gewöhnen. Denn dass ich üblicherweise Hafermilch in meinen Kaffee schütte – das habe ich mich bei der Verkostung nicht getraut, der echten Barista zu offenbaren.

Der Laden ist gleichzeitig ein wunderschönes Café mit sehr leckeren Torten. Die *KaffeeRösterei* bietet nach Absprache auch ausführliche Verkostungen an.

56

Weinladen am Kanal
Bahnhofstraße 24
15711 Königs Wusterhausen
03375 295170
www.kw-weinladen.de

VON GUTEN TROPFEN

Weinladen am Kanal

Wieder einmal habe ich mich verzettelt, bin viel zu spät nach einer 60 Kilometer Fahrradtour und halb im Dunkeln in Königs Wusterhausen angekommen. Dabei wollte ich eigentlich noch einen ausführlichen Stadtbummel machen. Aber jetzt ist mir kalt, ich bin etwas müde und ich möchte mich nur noch irgendwo gemütlich hinsetzen. Der Weinladen ist dafür genau richtig. Mir gefällt neben dem ganzen Konzept auch der Name: »Weinladen am Kanal«. Nicht weniger. Vielleicht mehr.

Wein trinke ich gerne, verstehe aber nicht sehr viel davon. Das ist beim Weinladen nicht schlimm, nichts wirkt hier überkandidelt, im Gegenteil: Die rustikalen Regale vor den roten Backsteinen stehen voller Weinflaschen, die Holzstühle und Tische erinnern an das Esszimmer meiner Eltern und die *Weinerei* im Prenzlauer Berg, die Karte beschreibt nicht nur die Herkunft, sondern auch geschmacklichen Eindruck und Duft – wunderbar. Und: Es gibt einen herrlichen Kamin, neben dem ich zufrieden seufzend Platz nehme. Die schönen Kastenfenster muten genauso alt an wie der ganze Raum, es füllt sich schnell und man merkt: Hier kommen Stammgäste. Die meisten werden mit Namen begrüßt. Ich mache heute allerdings den Anfängerfehler und bestelle aus der großen Auswahl einen Spanier 0,2. Seien Sie klüger und ordern lieber ein 0,1-Gläschen und kosten sich dafür ein wenig durch die spannenden Weine aus aller Welt. Die Preise sind sehr fair, also gibt es für mich noch eine Olivenschale dazu. Als am Nebentisch ein riesiger, irre lecker aussehender Flammkuchen kredenzt wird, ärgere ich mich, nicht genügend Hunger zu haben.

Es hilft alles nichts: Ich muss noch einmal wiederkommen. Nach Königs Wusterhausen mit seinem Weinladen am Kanal.

Besser reservieren. Der Weinladen ist zu bestimmten Zeiten sehr beliebt.

57

Bahnhof Klasdorf
Am Bahnhof Klasdorf 1
15837 Baruth/Mark
OT Klasdorf
033704 67928
www.bahnhof-klasdorf.de

NÄCHSTER HALT: SWING!

Bahnhof Klasdorf

Hier schwingen regelmäßig Tanzbeine, besonders gerne wird Jazz gespielt. Ich weiß das, weil ich den Newsletter vom Bahnhof Klasdorf abonniert habe, nachdem ich das erste Mal dort war. Dieser Bahnhof ist nicht nur Durchgangsstation oder Wartehalle. Er ist Café, Musiksaal und Dorftreffpunkt. Wer nach einem Besuch in der nahegelegenen Baruther Glashütte zurückkommt und auf seinen Zug wartet, wünscht sich, dass jeder Bahnhof so wäre wie dieser. Bei der Restaurierung wurde großen Wert darauf gelegt, den ursprünglichen Zustand wiederherzustellen, und so strahlen die Wände in Zartrosa und Weiß, Holzstühle auf alten Dielen laden zum Sitzen ein, der Duft von selbstgebackenem Kuchen und frisch aufgebrühtem Kaffee lockt. Das Café öffnet leider aufgrund Personalmangels nur noch zu unregelmäßigen Zeiten im Sommer, in der Regel sonntags und an Feiertagen. Schauen Sie vor einem Besuch einfach auf der Webseite. Im Winter ist meist geöffnet, wenn der schöne Adventsmarkt in Glashütte stattfindet.

Restauriert wurde der ganze Bahnhof mit viel Engagement von Menschen aus Klasdorf selbst. Drei Ferienwohnungen entstanden unter dem Dach, die heute ein bisschen vom investierten Geld wieder einspülen. Der Wildpark Johannismühle liegt fast in direkter Nachbarschaft, zum Rad- und Rollsportparadies *Fläming Skate* ist es ebenfalls nicht weit, und allein im Museumsdorf Glashütte kann man sich tagelang aufhalten.

Der alte Güterschuppen nebenan, in dem zu besonderen Anlässen auch mal ein Frühstück stattfindet, ist als Jazzclub großartig. Manchmal wird Klassik gespielt, gut besucht sind die Tangostunden. Ein bisschen naiv und zu romantisch mit seinen großen alten Toren erinnert er mich an den Film *Grüne Tomaten* und ich erwarte, dass hier gleich ein Zug hält, aus dem eine Gruppe Jazzmusiker aus den 20er-Jahren aussteigt.

Lassen Sie sich auf den Newsletter setzen, um über alle Veranstaltungen informiert zu werden, am besten über die auf der Webseite angegebene E-Mail-Adresse.

58

Museumsdorf Baruther Glashütte
Hüttenweg 20
15837 Baruth/Mark
OT Glashütte
033704 980914
www.museumsdorf-glashuette.de

KUNST IM DORF

Museumsdorf Baruther Glashütte

Ein Museumsdorf – das klingt nach verstaubten Vitrinen und toter Geschichte. Doch die Baruther Glashütte ist das Gegenteil davon: Im Künstlerdorf lebt eine kleine Gemeinschaft, die mittlerweile fast alle Fachwerkhäuser des Ortes restauriert hat. In den Häusern wird verschiedenes Handwerk vorgestellt. Wer etwas kaufen, einfach nur zuschauen oder gar selbst ausprobieren möchte, ist hier genau richtig: von der traditionsreichen Glasmacherei über das Puppenhandwerk, von Shibori-Kursen bis zur Töpferwerkstatt.

Der kleine Ort entstand bereits vor 300 Jahren als Siedlung zur Glasherstellung und besteht hauptsächlich aus der so typischen einzelnen Dorfstraße, an der entlang sich die Häuser und Höfe reihen. Das alte Gleis, auf dem die Rohstoffe früher zu den Glasbrennöfen transportiert wurden, ist teils erhalten, ein alter Waggon vermittelt einen Eindruck von der Vergangenheit des Ortes. Im Museum ist die Geschichte der Glashütte aufbereitet, im Schauraum der Glaswerkstatt kann man den Glasmachern bei der Arbeit zuschauen oder sogar mitmachen, vom Blasen einer Kugel bis zum ganztägigen Workshop. Wer ein Mitbringsel für zu Hause sucht, wird hier ebenfalls fündig. Nebenan hat sich eine Hutmacherin und Schneiderin im Leinenkontor angesiedelt, in der *Pott-teria* gibt es Töpferkunst zu kaufen – oder man genießt einfach einen Kaffee aus dem schönen Geschirr. Die Galerie Packschuppen zeigt Malereien, Skulpturen und Fotografien der Region und im *Hüttenwerk 4* kann man sich mit modernen Typografie-Spielereien, Postkarten, Drucken, Papier und Design-Objekten eindecken. Im »Schoko-Laden« *Albertine* wird leckerster Kuchen, Kaffee und zarteste Schokolade serviert. Nebenbei lassen sich die zahlreichen alten Häuser mit ihren Gemüse- und Bauerngärten bewundern. Kein Wunder, dass fast jeder, der herkommt, bleiben möchte.

Im Ort gibt es so viel zu sehen, dass eine Übernachtung lohnt. Tipps für Unterkünfte sowie alle Geschäfte, Museen und Veranstaltungen finden Sie auf der gut gestalteten Webseite.

Hafenromantik am Scharmützelsee

59

Erlebnisbahn Zossen
An den Wulzen 23
15806 Zossen
03377 3300850
www.erlebnisbahn.de

MIT DER DRAISINE UNTERWEGS

Erlebnisbahn Zossen

Sicher muss man nicht alles mitmachen, was in Brandenburg als Abenteuer-Landerlebnis für gestresste Stadtmenschen ausgeheckt wurde. Aber eine Draisinenfahrt sollte man unbedingt erleben, sie ist ein wenig albern, aber gut, da gebe ich mein Ehrenwort.

Südlich von Berlin geht das ab Zossen beim Erlebnisbahnhof. Verschiedene Draisinen stehen hier zur Auswahl, etwa kleine Fahrraddraisinen, die bereits zu zweit gefahren werden können und mit Pedalen angetrieben werden. Wir entscheiden uns für eine der großen Hebeldraisinen, die bis zu zwölf Leute aufnehmen kann. Allein lassen sich die großen, schweren Hebel nicht bewegen, da müssen schon ein paar Leute gleichzeitig anpacken. Hoch und runter, hoch und runter. Und noch einmal. Es ist ein bisschen albern, wir fangen alle an zu lachen und machen weiter. Direkt nach Zossen führt die Route ins Grüne, durch den Wald, an Wiesen und am Mellesee vorbei. Mal langsam, mal schnell, je nach Steigung und wie viele sich gerade ins Zeug legen. Einzig bei den Bahnübergängen ist Halten Pflicht und schon bald sind die Aufgaben fest verteilt: Einer bremst, zwei Leute steigen aus und sichern den Übergang durch hektisches Winken in Richtung der Autofahrer. Unter großem Gejohle springen die Sicherungsleute anschließend wieder auf die Draisine, sehr zum Amüsement der Autofahrer. Und weiter geht's.

Die Weichen sind auf den stillgelegten Gleisen bereits entsprechend eingestellt, sodass man sich nicht verfahren kann. Pausen gibt's nach Lust und Laune an Gaststätten, interessanten Orten oder zum Picknick, das dazugebucht werden kann. Kommt man sich ins Gehege, kann die Draisine einfach von den Gleisen gehoben werden. Unsere Tour ist viel zu schnell vorbei, wir waren anfangs skeptisch und haben uns nur für eine kurze Tour entschieden. Anfängerfehler.

Die Erlebnisbahn bietet verschiedene Touren bis 25 Kilometer an. Erkundigen Sie sich vorher nach Einkehrmöglichkeiten – diese sind begrenzt – und reservieren Sie eventuell.

60

Bücherstadt-Tourismus
Zehrensdorfer Straße 12
15806 Zossen OT Wüns-
dorf-Waldstadt
033702 9600
www.buecherstadt.com

ZWISCHEN BUNKERN

Bücher- und Bunkerstadt Wünsdorf

Was die Brandenburgerinnen und Brandenburger neben anderen Dingen so besonders macht: Sie haben ein außergewöhnliches Händchen für Skurrilitäten. Eine davon ist die ehemals verbotene Stadt Wünsdorf, oder genauer gesagt jener Teil, der sich mittlerweile *Bücher- und Bunkerstadt* nennt, nicht zu verwechseln mit dem südlicher gelegenen Teil Wünsdorf-Waldstadt, in dem das noch heute abgesperrte Areal der Sowjetarmee mit dem berühmten *Haus der Offiziere* liegt.

Wer vor dem ersten Spitzbunker steht, wird eventuell den Augen nicht ganz trauen, erinnert dieser Anblick direkt neben einem Wohnhaus doch an einen Science-Fiction-Film. »Zigarrenbunker« werden sie hier liebevoll genannt, wohl um anderen Bezeichnungen zuvorzukommen.

Die größenwahnsinnigen Pläne der Nationalsozialisten werden auch hier in der alten Garnisonsstadt sichtbar: Die eigens angelegten unterirdischen Bunker kann man heute im Rahmen von Führungen besichtigen. Für alle gratis ist ein Spaziergang zu den noch übrig gebliebenen überirdischen, bis zu 15 Meter hohen Spitzbunkern. Manche sind mittlerweile von wildem Wein überwachsen, andere stehen direkt vor den renovierten Häusern der ehemals verbotenen Stadt des Sowjetischen Militärs. Über die Militärgeschichte und die Bunkerführungen informiert das *Haus Oskar,* ein Rundweg führt zu den markantesten Ecken.

Als Nächstes sollten Sie sich die Antiquariate vornehmen. Einige ehemalige Militärgebäude wurden zu Bücherläden umfunktioniert und bilden seit 1998, inspiriert von der Stadt Hay-on-Wye in Wales, die erste *Bücherstadt* Deutschlands. Mein Lieblingsladen ist der Bücherstall, in dem die großen Bücherstapel zum stundenlangen Schmökern einladen.

Die Bunkerführungen sind schnell ausgebucht. Melden Sie sich daher frühzeitig über die Webseite an.

61

Kristall Wohlfühltherme Ludwigsfelde
Ostverbinder 10
14974 Ludwigsfelde
03378 518790
www.kristall-therme-ludwigsfelde.de

WASSERMAGIE

Kristall Wohlfühltherme Ludwigsfelde

Das Wasser fließt warm um meinen Körper, sanfte Musik und Stimmengemurmel schwappt mit dem Wasser in meine Ohren. Der Mann bewundert mich immer, dass ich mich einfach aufs Wasser legen und entspannen kann – ein Überbleibsel meiner Synchronschwimm-Zeit und vielleicht hilft der leichte Salzgehalt von drei Prozent ein wenig. Dabei gilt es nur, die Spannung im Körper so zu verteilen, dass der Rest unverkrampft treiben kann. Die Atmung währenddessen flach in der Brust halten. In der Therme Ludwigsfelde habe ich die Augen beim entspannenden Wasserliegen gerne offen. Wenn es draußen dunkel ist, herrscht drinnen gemütliches Schummerlicht. Die Becken leuchten in unterschiedlichen Farben, ringsum und auf dem herrlichen Podest in der Mitte stehen große Palmen und Grünpflanzen.

Zwischendurch genehmigen wir uns einen Drink an der Poolbar mitten im Becken und dann geht's in eine der 13 Saunen auf dem Gelände. Das Schöne in Ludwigsfelde: Niemand muss sich zwischen Schwimmbad und Sauna aus- oder anziehen, denn hier herrscht durchgehend textilfrei. Ich bin mit FKK-Sommerferien in Dänemark aufgewachsen und finde nackt schwimmen immer noch so herrlich wie damals (vermutlich sogar schöner, weil mich keine Teenagerkomplexe mehr quälen). Neuerdings gibt es neben dem Thermal-Sole-, Natron- und Süßwasserbecken auch das Heil-Solebecken mit zwölf Prozent Solegehalt – aber Achtung, bloß nicht untertauchen und besser nicht mit frisch rasierten Beinen rein (autsch). Zum Abschluss lassen wir uns ein paar lustige Runden im Strömungskanal treiben. Beim Nachhausefahren habe ich stets das Gefühl, aus einem Kurzurlaub zu kommen.

Die Textilfreiheit ist in der Therme nur zu wenigen, bestimmten Zeiten optional, zu allen anderen obligatorisch, damit sich niemand komisch fühlen muss.

62

Wildgehege Glauer Tal
Glauer Tal 1
14959 Trebbin-Blankensee
033731 700462
www.naturpark-
nuthe-nieplitz.de

VOM PANZERPLATZ ZUM BIOTOP

Wildgehege Glauer Tal bei Blankensee

Wenn irgendwo in Brandenburg eine tolle Heide, ein Wildgehege oder ein großes, sandiges Gelände zu finden ist, gehen die Ursprünge häufig auf die Sowjets zurück, die mit ihren Panzern so lange herumgefahren sind, bis nichts weiter übrig blieb als ein weiterer Brandenburger Sandkasten. Glücklicherweise ist das ja alles seit den frühen 1990ern vorbei. Nun profitieren wir ein bisschen von diesen großen Freiflächen, auf denen sich meist nach einer Weile spezielle Arten wohlfühlen, und können sie anderweitig nutzen. So war es auch beim Glauer Tal im Naturpark Nuthe-Nieplitz. Das Gelände drohte zu verbuschen, Pionierpflanzen wie die Kiefer breiteten sich aus. Um das Offenland für die angesiedelten Arten zu erhalten, entschied sich der Landschafts-Förderverein, das Gebiet mit Wildtieren zu beweiden – ein übliches Vorgehen. Die Tiere beißen die Jungpflanzen ab und erhalten somit die freie Fläche. Daraus wiederum entstand das Wildgehege, das heute 160 Hektar umfasst und vor allem Dam-, Rot- und Muffelwild beherbergt. Mehrere Wanderwege zwischen einem und fünf Kilometern Länge führen durch das Gelände. Da einige Tiere an Menschen gewöhnt sind, ist es hier nicht unüblich, wenn nur wenige Meter entfernt ein Reh in Seelenruhe grast. Im Herbst fasziniert die Brunftzeit der Hirsche, die sogar am späten Vormittag zu hören sind und so laut um die Wette röhren, also wollten sie den Fluglärm des nahegelegenen BER übertönen.

Das Wildgehege Glauer Tal wartet nicht mit Sensationen auf, doch wer sich ein bisschen leise verhält, wird das Glück haben, Rehe und Hirsche vor die Linse zu bekommen. Im alten Kommandoturm gibt es mit kostenfreiem Fernglas nicht nur eine tolle Aussicht auf das Areal, sondern auch eine kleine Natur-Ausstellung und alte Fotos vom Militärgelände. Die meisten Wege sind gut befestigt, für Kinderwägen wären größere Räder allerdings von Vorteil.

Es werden verschiedene Themenführungen und Veranstaltungen angeboten. Informationen finden Sie auf der Webseite.

63

Flugplatz Schönhagen
Flugplatz Haus 2
14959 Trebbin
33731 30532
www.flugplatz-schoenhagen.aero

LAUTLOS DAHINGLEITEN

Flugplatz Schönhagen

Einmal lautlos in die Luft gehen – das ist für relativ kleines Geld auf dem Flugplatz Schönhagen möglich. Nach der Anmeldung marschieren wir zum Fliegerclub der Segelflieger, ein Fallschirm wird mir angelegt, sicher ist sicher. Schon kommen die Helfer mit dem Flugzeug, das sie einfach mit Muskelkraft rüberschieben. Es sieht klein aus, viel winziger als gedacht.

Der Pilot und ich sitzen hintereinander, es ist überraschend eng. »Hier nicht dran ziehen«, erklärt er mir und weist auf einen Verschluss, »sonst fliegt uns das Verdeck weg.« Auch den Schaltknüppel soll ich nicht betätigen; der ist natürlich nur für Flugschülerinnen und -schüler gedacht.

Das Flugzeug wird ausgerichtet, das Seil am Flugzeug hängt an einem uralten Truck mit Seilwinde. Ein Ruck, wir holpern kurz über die Wiese – und heben ab. Der Wind macht Geräusche, doch sonst ist es ganz still. Die Welt unter uns wird kleiner und kleiner. Nach einem lauten »Klock« löst sich das Seil, wir segeln einfach weiter. Der Pilot muss nun Thermik, aufsteigende Warmluft, suchen, um möglichst lange segeln zu können. Manchmal gelingt das nur wenige Minuten, mit Glück bleibt das Flugzeug eine ganze Stunde in der Luft. Wir drehen die erste Runde nach oben. Ich staune über die Weite Brandenburgs, das Grün unter uns, die Felder mit den schnurgeraden Linien, die wie eine Patchworkdecke aussehen, das schöne Licht. Das Flugzeug schraubt sich noch einmal in die Luft, ich erkenne den Flughafen, der bald wieder aus meinem Blickfeld verschwindet. Ein paar Wolken zeichnen Schatten auf die Erde und unter uns nutzen zwei Raubvögel die gleiche Thermik wie mein Pilot. Ein letztes Mal geht es in einer Runde kurz nach oben, dann drehen wir langsam große Kreise nach unten. Die Erde kommt nun immer näher, ein langsamer Abschied vom Himmel.

Unbedingt sich vorher anmelden und auch die Webseite checken. Und auf jeden Fall ein Käppi gegen die Sonnenstrahlung einpacken.

64

Kloster Zinna
Am Kloster 6
14913 Jüterbog-
Kloster Zinna
03372 439505
www.kloster-zinna.com

Hotel Alte Försterei Kloster Zinna
König-Friedrich-Platz 7
14913 Jüterbog-
Kloster Zinna
03372 3982300
www.alte-foersterei-kloster-zinna.de

BEI BESCHWIPSTEN BRÜDERN

Kloster Zinna

Schon der erste Anblick des Klosters Zinna bezaubert mit der gut erhaltenen mittelalterlichen Fassade in Backsteingotik. Gegründet vor sagenhaften 850 Jahren stehen noch heute einige der ältesten Mauern des Zisterzienser-Klosters. Das ehemalige Wohnhaus der Zinnaer Äbte, die Neue Abtei, wurde zwischen 1430 und 1433 errichtet, das Siechenhaus, in dem heute das Museum untergebracht ist, Mitte des 14. Jahrhunderts.

Das Museum im Kloster ist überschaubar, neben einigen Küchen-Utensilien wird der Alltag der Zisterzienser Mönche dargestellt, und ich erfahre, wie der Orden weit über die Landesgrenzen hinaus organisiert war. Das »Siechenhaus« klingt zwar brutal, war aber eigentlich eine Sache der Fürsorge: Die Klosterbrüder waren im Mittelalter diejenigen, die sich mit Arzneien, zumeist aus Kräutern, gut auskannten. Aus Opferbereitschaft und Nächstenliebe pflegten sie daher im Siechenhaus Kranke. Aus den gesunden Kräutersäften wurde irgendwann – sicherlich völlig unbeabsichtigt und zufällig – ein leckerer Kräuterlikör: der *Zinnaer Klosterbruder*. Bis 1759 wurde dieser von den Mönchen hergestellt, anschließend übernahm das eine externe Brennerei, angeblich fast durchgängig bis ins 20. Jahrhundert. Seit 1990 wird die Kräuteressenz wieder im Kloster gewonnen, die Schau-Destille des Museums gibt einen Blick auf die glänzenden Kessel frei. Der intensive Duft nach den leckeren Kräutern durchzieht das ganze Gebäude, Und so kann ich nicht Nein sagen, als mir am Ende meines Besuches ein kleines Kräuterlikör-Tasting angeboten wird.

Leicht angeschickert spaziere ich anschließend noch hinter das Kloster, um die alte Klosterkirche aus dem 13. Jahrhundert zu bewundern.

Wer länger bleiben möchte: Übernachten und einkehren kann man in der schönen *Alten Försterei* gleich nebenan.

65

Landgasthof Jüterbog
Werder 45
14913 Jüterbog-Werder
03372 44380
www.landgasthof-
jueterbog.de

HÖFISCH SCHLEMMEN

Landgasthof Jüterbog in Werder

Vor rund 15 Jahren war es mit den kulinarischen Genüssen noch nicht so weit her in Brandenburg – wer Rainald Grebes Lied *Brandenburg* kennt, weiß das. Wenn es frisch, regional oder gar vegetarisch sein sollte, konnte man die Einkehrmöglichkeiten mit der Lupe suchen. Ich gewöhnte mir damals an, Essen mitzunehmen, wann immer ich in Brandenburg wandern ging. Sie lachen, aber ich gehe tatsächlich in Brandenburg wandern.

Heute ist das jedenfalls völlig anders, selbst in den entlegensten Winkeln Brandenburgs begegnet man grandioser Küche. Zinna ist vielleicht nicht ganz abgelegen, aber weltberühmt ist es auch wieder nicht. Ohne zu übertreiben: Ich habe hier den besten Flammkuchen meines Lebens gegessen, weshalb es der Gasthof auch in dieses Buch geschafft hat.

Auf einer Fahrrad-Tour auf der *Fläming Skate* kehrte ich im Landgasthof ein, über den ich viel Gutes gehört hatte. Außerdem liegt der schöne Vierseitenhof direkt am Rundkurs 1 der *Fläming Skate*. Als ich das große Tor durchschreite, fühle ich mich ein wenig an den Ponyhof meiner Kindheit erinnert: Ein Pferdegestüt ist zu sehen, ein weites Gelände, Wiesen. Die Sitzplätze für draußen befinden sich im zauberhaften Innenhof mit Blick auf die alten Backsteinmauern, die Feldsteinkirche nebenan, einen Teich und viele Blumen. Die Entscheidung muss nun zwischen vegetarisch, Fisch oder Fleisch, süß oder herzhaft, hausgemachter Torte oder Lachsfilet fallen. Ich nehme den Flammkuchen mit Lachs, bin begeistert vom leckeren Topping aus Kräutern und Salatvariationen mit Dip und bleibe noch ein bisschen länger, um mit den netten Angestellten zu plaudern und das Ambiente zu genießen.

Staunen Sie auf einem ausführlichen Stadtbummel durch das nahegelegene Jüterbog über die vielen historischen Baudenkmale des über 1.000 Jahre alten Ortes.

66

Fläming Skate
Die Skate-Arena Jüterbog (mit Parkplätzen) grenzt an die Rundkurse 1, 3 und 4
Am Reitstadion
14913 Jüterbog
www.flaeming-skate.de

Tourismusverband Fläming e.V.
Zum Bahnhof 9
14547 Beelitz
033204 62870
www.reiseregion-flaeming.de

FAHRRAD OLÉ

Streckennetz *Fläming Skate*

Ich behaupte mal provokant: Das Streckennetz der *Fläming Skate* ist noch einmal mehr besonders, weil es im Osten Deutschlands zu finden ist. Als ich in den Nullerjahren anfing, Brandenburg zu Fuß und mit dem Fahrrad zu erkunden, war das nicht einfach. Neben wenigen Fußwegen gab es so gut wie keine Fahrradwege, ein Umstand, der mich lustigerweise an meine Zeit in den USA erinnerte und den ich aus Westdeutschland weniger kannte. Was vor der Wende aufgrund weniger Verkehr und vielleicht auch durch mehr Rücksicht funktioniert haben mag, war in den Folgejahren anstrengend. Es gab zwar Wege in irgendwelchen Karten, doch die endeten nicht selten im Nirgendwo.

Seit damals hat sich einiges geändert. Noch immer sind viele Fahrradwege nicht perfekt, aber dann gibt es solche wie auf der *Fläming Skate* im Landkreis Teltow-Fläming. Wer aus den acht verschiedenen Rundkursen wählt, braucht weder eine Karte noch Bedenken zu haben, dass der Untergrund irgendwann schwierig wird oder der Weg einfach aufhört, und kann auf 230 Kilometern die Region um Jüterbog, Luckenwalde und Baruth/Mark erkunden. Die Rundkurse sind unterschiedlich lang und führen an hübschen alten Dörfern vorbei, immer durchs Grüne, mit verschiedensten Einkehrmöglichkeiten und auf perfektem Asphalt, sodass sich zwischendurch ein kleiner Geschwindigkeitsrausch einstellt. Fahrradfahrer- und Skaterhimmel, sozusagen. Die Rundkurse streifen verschiedene andere Strecken, zum Beispiel eine Fahrradroute der *Historischen Stadtkerne*, die *Tour Brandenburg* oder der *Radweg Berlin-Leipzig*. Das Wegenetz wird immer weiter ausgebaut.

In Berlin steige ich wirklich nicht gerne aufs Rad. Zu aggressiv ist mir der Verkehr, zu schlecht die Fahrradwege. Auf der *Fläming Skate* hingegen macht mir das Fahrradfahren wieder so viel Spaß wie dem Wessi-Kind, das ich war.

Die Rundkurse können auch in Teilen befahren werden. Bahnhöfe befinden sich in Jüterbog, Luckenwalde, Oehna und Niedergörsdorf.

JANZ WEIT DRAUSSEN

Hausboot-Freuden im herbstlichen Lindow

67

Optikpark Rathenow
Schwedendamm 1
14712 Rathenow
03385 49850
www.optikpark-rathenow.de

GUTE SICHT

Optikpark Rathenow

Vom Berliner Hauptbahnhof dauert es keine Stunde nach Rathenow, was erstaunlich ist, weil Rathenow fast schon in Sachsen-Anhalt liegt. Da brauche ich vom Süden Berlins länger nach Friedrichshain. Die *Stadt der Optik*, wie sie sich offiziell nennen darf, hat im Optikpark ihre eigene Geschichte auf sehr kreative Weise verewigt. Er entstand im Zuge der Landesgartenschau im Jahr 2006 und verbindet Natur, Blumenschau und das Thema Optik. Der Park ist quasi ein Freilichtmuseum für die Sinne, nur ohne Texte oder Vorträge.

Die Optik-Geschichte der Stadt geht zurück auf Johann Duncker, der eine Vielschleifmaschine erfand und diese 1801 patentieren ließ. Mit ihr wurde die Massenproduktion von Brillengläsern ermöglicht, sodass diese auch für die breite Bevölkerung erschwinglich wurden. Die Rathenower Optischen Werke (ROW) gehen auf sie zurück, sie waren in der DDR die einzigen Brillenhersteller des Landes.

Der Park ist sehr groß, und ich habe mich beim Besuch mit meiner Zeitplanung arg verschätzt. Zwischen Beeten, Skulpturen und Blumenmeeren in verschiedenen Farben schlendere ich an optischen Täuschungen vorbei, steige auf Pyramiden und bewundere das riesige *Brachymedial-Fernrohr*, ein Sternenfernrohr und technisches Denkmal. Auf einem Floß lasse ich mich anschließend den kleinen Havel-Nebenarm entlangschippern. Der Flößer erzählt, dass in Rathenow die Weltzeituhr vom Alexanderplatz entstand. Auf dem Karpfenteich wurden die Ellipsen der Uhr mit einem Stegsystem nachgebildet. Außerdem rät er mir, unbedingt zur Weinbergbrücke zu spazieren. Die Fußgängerbrücke im hinteren Teil bekam 2016 den Deutschen Ingenieurbaupreis und spannt sich bogenförmig auf 348 Metern über die Havel und eröffnet beeindruckende Blicke über Fluss, Weinberg und Optikpark.

Auf dem Rückweg zum Bahnhof kurz auf der Altstadtinsel halten. Am Kirchplatz stehen mehrere sehenswerte Wohnhäuser aus dem 16. Jahrhundert sowie das Geburtshaus von Duncker, in dem die erste optische Werkstatt entstand.

68

Stadtspaziergang
Startpunkt: **»Tourismus-Service BürgerBahnhof«**
Karl-Marx-Straße 1
16816 Neuruppin
03391 45460
www.tourismus-neuruppin.de

Gaststätte Klosterhof
Poststraße 31
16816 Neuruppin
03391 397626

IN DER FONTANE-STADT

Spaziergang durch Neuruppin

Neuruppin liegt von Berlin ein ganzes Stück entfernt, deshalb kann ich meine Besuche an einer Hand abzählen. Doch wann immer ich in der rund 30.000 Einwohner zählenden Stadt bin, habe ich ein seltsam erhabenes Gefühl. Das kann damit zusammenhängen, dass Neuruppin 1945 nicht zerstört wurde (Unbekannte hatten weiße Fahnen gehisst) und deshalb mit prachtvollen Kirchen, wunderschönen alten Straßenzügen und einem öffentlichen Tempelgarten aus dem 18. Jahrhundert aufwarten kann. Es liegt bestimmt auch am schlauen Marketing der Stadt, die sich aufgrund ihres berühmtesten Sohnes den Beinamen *Fontanestadt* gab. Das Geburtshaus von Theodor Fontane steht noch und ist heute wie damals eine Apotheke. Auch Karl Friedrich Schinkel lebte einige Zeit mit seiner Mutter in Neuruppin.

Ganz sicher hat mein Gefühl etwas damit zu tun, dass Neuruppin am Ruppiner See liegt, einem sehr lang gestreckten Gewässer. Am frühen Morgen sieht es hier fast wie in Südostasien aus: Die ganze Umgebung ist in goldenes Licht getaucht und Fischer brechen zu ihrem Tagwerk auf.

Der See beschert der Stadt die breite Promenade, an der man an einem schönen Tag – ob im Frühling, Sommer, Herbst oder Winter – entlangflanieren und die Boote, die alte Stadtmauer und die dahinter liegende mittelalterliche Klosterkirche St. Trinitatis und ihre prägnanten Türme bewundern kann. Der See ist es auch, an dem die Fontane-Therme mit der wohl schönsten See-Sauna ganz Brandenburgs liegt. Und schließlich steht am See die Stahlskulptur *Parzival am See*, die eine neue Zeit verkündet, in der über Neuruppin kein König von Preußen herrscht und keine Garnison durch die Straßen marschiert – ein hoffentlich friedliches Neuruppin mit mächtig viel Geschichte.

Nahe der Klosterkirche befindet sich die empfehlenswerte Gaststätte Klosterhof mit gutbürgerlicher Küche.

69

Hausboot fahren mit einem »BunBo« bei Lindow

Am Gudelacksee 4
16835 Lindow
www.bunbo.de

EINFACH BRANDENBURG

Hausboot fahren

Wer fing eigentlich mit dem Hausbootfahren an? Es müssen wohl die Menschen in Brandenburg gewesen sein, denn Hausboot fahren und Brandenburg, das gehört mittlerweile untrennbar zusammen. Vielleicht ist es einfach naheliegend, im Land der über 3.000 Seen seine Datsche aufs Wasser zu verlegen – so etwa bei Lindow auf den Gudelacksee.

Ich erinnere mich an den ratlosen Blick eines Freundes, als dieser mich fragte, was denn bitte so spannend an einer Hausboot-Tour durch Brandenburg sei, dass man so was jedes Jahr wiederholt. Ich verstehe ihn, ich konnte mir das früher auch nicht vorstellen. Es muss etwas mit Wasser zu tun haben, mit der tiefsten Tiefenentspannung, die ich je erlebt habe, mit einer Grundzufriedenheit, die ich in diesem Ausmaß eher selten spüre.

Die schönste Zeit dafür ist eindeutig der Herbst. Denn dann kann man ausschlafen und dennoch die mystischen Nebelschwaden erleben, die das diffuse Morgenlicht küssen und langsam die Sicht auf die Welt freigeben, die nur aus diesem Stück Wasser und den Bäumen in der Ferne zu bestehen scheint – und der dampfenden Kaffeetasse in der Hand. Ich habe mittlerweile rund 70.000 Fotos aus Brandenburg auf meinen Festplatten und die meisten habe ich genau in diesen Momenten geschossen, immer in der Hoffnung, das Gefühl festhalten zu können. Stundenlang könnte ich davon erzählen, von den Bibern, die in der Dämmerung auf ihren Rücken vorbeitreiben, von dem Tröten der Tausenden Kraniche über unseren Köpfen, von dem Geschnatter der Wildgänse, die einen am Abend nicht einschlafen lassen. Von der Stille am Morgen, dem Tuckern des Motors tagsüber, während die Ufer langsam vorbeiziehen. Aber Sie werden mir ohnehin nicht glauben, wenn Sie das nicht selbst erlebt haben, einfach nur mitten in Brandenburg.

Mein Favorit sind die *BunBos*. Anfänger fahren auf die Seen, Flüsse sind für Fortgeschrittene. Sie benötigen keinen Bootsführerschein, nur eine Einweisung.

70

Ziegeleipark Mildenberg
Ziegelei 10
16792 Zehdenick
03307 310410
www.ziegeleipark.de

Alter Hafen
Ziegelei 11
16792 Zehdenick
03307 301870
www.alterhafen.de

VON TÖNEN UND ZIEGELN

Ziegeleipark Mildenberg

Es ist ein goldener Bilderbuch-Oktobertag, als wir mit unserem Bulli vor dem großen Gelände der ehemaligen Ziegelei halten. Beim Eingang angekommen, ertönt ein Stampfen und Quietschen. Ich schaue mich um – nichts. Über mir ein altes Förderband, auf dem früher die Ziegel transportiert wurden. Doch das bewegt sich nicht. Das Geräusch ebbt wieder ab. Als meine Familie mir zum Eingang folgt, starten die seltsamen Geräusche erneut.

Das ist nur eine der vielen interaktiven Überraschungen, die das Industriedenkmal mit seinen originalen Ringöfen, Maschinenräumen und Werkstätten bietet. Wir sind hergekommen, um uns über die frühere Tonziegelherstellung zu informieren, schließlich wurden hier Anfang des 20. Jahrhunderts Millionen der in der schnell wachsenden Metropole Berlin benötigten Ziegel hergestellt. Gefunden haben wir eines der schönsten Familienmuseen in ganz Brandenburg und die Zeit wird viel zu kurz sein, um alles zu entdecken.

Verpassen Sie auf keinen Fall den Rundgang in den Ringofen. Der Ziegel, den jeder in der Hand hält, wird leuchtend rot, je näher man dem Ofen kommt. Streifen Sie durch das Museum, drücken Sie alle Knöpfe und schauen Sie um alle Ecken, denn überall ist etwas versteckt – hier eine Klanginstallation, da ein Stampfen, dort ein Hologramm. Schnappen Sie sich ein Schienenfahrrad und radeln über das Gelände. Backen Sie einen Tonziegel selbst und fahren Sie unbedingt mit der Ziegeleibahn zu den Tonstichen, wo der Rohstoff für die Ziegel abgebaut wurde. Machen Sie mit Ihren Kindern einen Abstecher zum Kleintiergehege, zum Spielplatz und zur Seilfähre. Ach, am besten entdecken Sie das alles selbst. Wir jedenfalls sind sogar noch über Nacht geblieben, denn praktischerweise gibt es einen kleinen Wohnmobil-Stellplatz direkt nebenan.

Das angrenzende Gasthaus *Alter Hafen* ist sehr empfehlenswert, insbesondere die vegetarischen Burger.

71

Das Blaue Pferd
Dorfanger 20
16792 Zehdenick-Wesendorf
www.das-blaue-pferd.de

Biosphärenreservat Schorfheide-Chorin
Hoher Steinweg 5-6
16278 Angermünde
03331 36540
www.schorfheide-chorin-biosphaerenreservat.de

EIN KÜNSTLERLEBEN

Vierseitenhof *Das Blaue Pferd* in Wesendorf

Es gibt unzählige, wunderbar restaurierte alte Höfe in Brandenburg, in die man sich für ein Wochenende einmieten kann – darüber sollte dringend jemand ein eigenes Buch verfassen. Stellvertretend für all diese Höfe erzähle ich an dieser Stelle vom *Blauen Pferd.*

Fasziniert hat mich an diesem Hof nicht nur der Name, der übrigens auf Franz Marcs Gemälde der Blauen Pferde zurückgeht – ein Hinweis auf den Hintergrund der Künstlerin Elisophie Eulenburg, die den alten Vierseitenhof übernahm. Beeindruckend war für mich die Besinnung aufs Wesentliche bei der Sanierung, die Bewahrung der urigen Holzdielen, der Rückbau einiger Schandtaten der letzten 50, 60 Jahre. Selbst die alten Öfen wurden erhalten oder ersetzt, hier wird noch mit Holz geheizt. Die Küche mutet mit der alten Kochmaschine ein bisschen wie aus dem vorletzten Jahrhundert an, die Zimmer sind ebenso schlicht gehalten und wunderbar gestaltet. Mit anderen Künstlerinnen und Designern wurden hier sorgfältig ausgewählte Second-Hand-Möbel und selbstgebaute Einrichtungsgegenstände verwendet. An jeder Ecke könnte ich hier fotografieren, so schön sind die strukturierten Wände, die Farben der Türen, der Stühle, die wenigen Design-Objekte.

Verschiedene Zimmer werden auf Anfrage für drei Tage vermietet, auch eine komplett eigene Wohnung ist vorhanden. Kommen darf jeder, von der Einzelperson bis zu Familien, ein künstlerischer Hintergrund wird sehr gerne gesehen. Auch Co-Working gerade im kreativen Bereich ist möglich, es gibt verschiedene Arbeitsräume. Die allerdings wären für mich überflüssig, denn allein das Sitzen im Hof zwischen Pflanztöpfen und vor dem riesigen Holztor der uralten Scheune würde mich bereits zu einem neuen Buch beflügeln, davon bin ich überzeugt.

Es gibt unzählige Ausflugsmöglichkeiten in der Nähe. Der Radweg Berlin-Kopenhagen führt quasi an der Tür vorbei, das Biosphärenreservat Schorfheide-Chorin liegt ebenfalls nahe bei.

72

Baumhaushotel Uckermark
Gut Gollin 1
17268 Templin
039882 619941
www.baumhaushotel-uckermark.de

AUF DEM »ENTENSTRICH«

Baumhaushotel Uckermark

Durch das Holzfenster blicke ich direkt in die Baumkrone der alten Eiche. In der Ferne schälen sich ein paar Hirsche mit ihren prächtigen Geweihen aus den Nebelschwaden, die noch über den Wiesen liegen. Kühe muhen vereinzelt, Ziegen meckern leise. Ich bin im Himmel, und das wortwörtlich, denn heute habe ich im Baumhaushotel Uckermark in Brandenburg übernachtet. Das Gut Gollin, zu dem das Baumhaushotel gehört, steht mitten im Biosphärenreservat Schorfheide-Chorin.

Susanne und Kalle Wurth sind das, was der Städter »echte Bauern« nennt. Sie haben einen Haken unter ihren alten Betrieb gemacht und in der Schorfheide den alten Hof gefunden, restauriert, mit Ferienwohnungen ausgestattet und diese grandiosen Baumhäuser gebaut – alles in Eigenregie. Jedes Baumhaus hat einen eigenen Namen. Der *Entenstrich* war die ursprüngliche Idee und ist daher von allen am schlichtesten, klein, hoch im Baum. Die anderen sind wesentlich größer und komfortabler, aufgrund der Auflagen des Biosphärenreservates hat jedes Häuschen sogar eine eigene Toilette.

Auf dem Boden kann man mit Tieren auf Tuchfühlung gehen – oder auch nicht. Die scheuen afrikanischen Ziegen lassen sich nicht kraulen, dafür die Kälbchen und manchmal auch die Hühner.

Als die Sonne untergeht, die Umgebung in warmen Orangetönen schimmert und wir von den Hühnern müde geschnurrt sind (ja, Hühner können auch schnurren!), klettern wir in unser Baumhaus. Wir genießen von der Terrasse aus die letzten Sonnenstrahlen über dieser absolut idyllischen Umgebung und beobachten ein Hermelin, das unter den Bäumen nach Mäusen jagt. In dieser Nacht dringen uns die Geräusche des Waldes ans Ohr, die die Ängstlichen wachen und Waldliebhaber sanft einschlummern lassen.

Der historische Stadtkern vom nahegelegenen Templin ist sehr sehenswert. Nicht zu vergessen, lädt hier regelmäßig die *Kirche des Fliegenden Spaghettimonsters* zur Nudelmesse ein (www.pastafari.eu).

73

Informationspunkt UNESCO Weltnaturerbeteilgebiet Buchenwald Grumsin
Altkünkendorfer Straße 22
16278 Angermünde-Altkünkendorf
0170 9077731
www.weltnaturerbe-grumsin.de

Touristinformation Angermünde
Hoher Steinweg 17/18
16278 Angermünde
03331 297660
www.angermuende-tourismus.de

BUCHEN SOLLST DU SUCHEN

UNESCO-Weltnaturerbe Buchenwald Grumsin

Die Buche hat eine ganz besondere Eigenschaft. Sie wächst sehr hoch und breitet ihr dichtes Blätterdach aus, sodass kaum ein Sonnenstrahl hindurchdringt. Damit nimmt sie anderen Vegetationsarten das Licht zum Wachsen, sie selbst kommt hingegen mit wenig zurecht. Buchen sind daher am Ende einer natürlichen Waldentwicklung dominierende Bäume, und wäre Deutschland nicht weitgehend abgeholzt worden, würden hier viele alte Buchenwälder stehen. Der Buchenwald Grumsin, seit 2011 UNESCO-Weltnaturerbe, ist ein Überbleibsel dieser alten Buchenwälder.

An dieser Stelle hätte nur eine Lobpreisung auf ihn und die schönen Wanderwege stehen sollen, die durch den Wald führen, der in Kernzone und Pufferzone aufgeteilt ist. Doch seit einiger Zeit besuchen ihn zunehmend mehr Ausflügler und Anwohnende haben die Nase voll. Voll von Touristen, die mit dem Auto das Dorf zuparken. Von Touristen, die in die ungekennzeichnete Kernzone spazieren. Vom neuen Aussichtspunkt, weil man von da aus in die Gärten schauen kann. Weshalb es noch immer kein ausgereiftes Parkkonzept gibt und keine Schilder die Kernzone richtig erklären, bleibt für Außenstehende unklar.

Nun denn, schieben wir alle Missverständnisse beiseite, ich schlage Folgendes vor: Nehmen Sie den Zug nach Angermünde und dann den *WelterbeBus Grumsin* nach Altkünkendorf. Lassen Sie den Aussichtspunkt aus, ignorieren Sie die Protestschilder, begeben Sie sich auf eine der markierten Wanderstrecken und erfreuen Sie sich an dem tollen Buchenwald, frönen dem tiefen Grün im Sommer, den orangerotgelben Blättern im Herbst und den kleinen Seen – ein Gefühl der Zufriedenheit inmitten dieser alten Bäume stellt sich von ganz allein ein.

Die Wanderwege führen durch die Pufferzone, die auch forstwirtschaftlich bearbeitet wird, sowie teils durch Dörfer und an Straßen vorbei. Richtigen »Urwald« sehen Sie nur mit einer Führung in die Kernzone. Die Wanderungen sind trotzdem sehr schön.

74

NABU-Naturerlebniszentrum Blumberger Mühle
Blumberger Mühle 2
16278 Angermünde
03331 26040
https://blumberger-muehle.nabu.de

MENSCH TRIFFT NATUR

NABU-Naturerlebniszentrum Blumberger Mühle

Ein kleiner Frosch springt auf den Bohlenweg vor meine Füße. Rechts und links dichtes Schilf. Ich beuge mich hinunter, doch den kleinen Kerl scheint das nicht zu stören. Ob die Augen das Schilf nach leckeren Mücken absuchen oder mich fixieren, bleibt unklar. Froschaugen sind geheimnisvoll.

Wir sind auf dem Gelände der Blumberger Mühle, dem Naturerlebniszentrum des NABU bei Angermünde mitten im Biosphärenreservat Schorfheide-Chorin. Im spannenden Gebäude, das einem hohlen Baumstumpf nachempfunden ist und den Kreislauf des Lebens zeigen soll, befinden sich Seminarräume, ein Restaurant und verschiedene interaktive Ausstellungen. Schwerpunkte werden auf die Themen Boden, Wasser und Nachhaltigkeit gelegt, aber auch auf das Gebäude selbst, bei dem naturgemäß sehr auf Nachhaltigkeit und naturverträgliche Baustoffe geachtet wurde. Das große Gelände der ehemaligen Mühle mitsamt den nebenan liegenden Blumberger Teichen wurde vom NABU vielseitig gestaltet, um Natur und den Einfluss des Menschen erlebbar zu machen.

Ein Nutzgarten mit zahlreichen Kräutern, Blumen und einem Lehmofen befindet sich direkt hinter dem Gebäude. Im Irrgarten gibt es einiges durch das Fernrohr zu sehen, wir entdecken verschiedene Pflanzen auf unterschiedlichen Böden. Schafe und Schweine liegen gemütlich im Schatten. Für Kinder gibt es einen tollen Spielplatz, wir sehen andere Familien durch die Gegend streifen. Je weiter wir uns vom Gebäude entfernen und in das angrenzende Naturschutzgebiet der Blumberger Teiche eintauchen, umso wilder wird die Landschaft, umso weniger Einfluss hat der Mensch. Ein Steg führt über das Wasser und wir halten Ausschau nach den Sumpfschildkröten, die sich heute vor uns zu verstecken scheinen. Das Schilf wird dichter, die Frösche quaken. Nach einer Stunde kehren wir zurück und lassen uns zum Abschluss einen Burger schmecken.

Für Kinder und Familien gibt es viele Angebote, Thementage und Führungen. Alle Infos auf der Webseite.

75

Kloster Chorin
Amt Chorin 11a
16230 Chorin
033366 70377
www.kloster-chorin.org

DAS SCHÖNSTE KLOSTER

Kloster Chorin

Die Liebe zur Schorfheide fing früh an, eigentlich begann damit sogar meine Liebe zu Brandenburg. Es war Anfang des Jahres 2010, das Thermometer zeigte satte minus 25 Grad und ich hatte mir geschworen, keine Sesselpupserin mehr zu sein. Also zog ich meine wärmsten Sachen an, machte mir ein Tomatenbrot, packte Taschenlampe und eine Flasche Wasser ein und fuhr mit der Regionalbahn irgendwo in die Schorfheide. Vom Bahnhof schlug ich mich mit Karte und Kompass – Sie lachen, doch damals gab es in Brandenburg noch kaum ausgeschilderte Wanderwege – querfeldein Richtung Kloster Chorin. Der Schnee lag hoch, ich entdeckte verwunschene Höfe, blaue Zäune und ein wolliges Schaf, das ich Herbert taufte, weil es mich mit so gütigen Augen anschaute wie einst mein Großvater, als wollte es sagen: »Liebes Kind, was machst du bloß hier?«

Die Landschaft war gefroren und wunderschön, das Eis der Pfützen und der Schnee auf den Wiesen glitzerten im diffusen Licht, das sich durch die Wolken stahl, und ich lernte, dass man bei Kälte die Wasserflasche besser am Körper trägt und Tomaten auf dem Brot keine schlaue Idee sind. Schließlich kam ich im verschneiten Kloster Chorin an, wo es gar keinen warmen Tee gab, wie auf der veralteten Webseite angekündigt. Dafür konnte ich ganz allein durch die alten Gemäuer wandeln, weil es damals noch keinen geschlossenen Zaun um die Anlage gab. Seitdem ist das Kloster Chorin mein Lieblingskloster und ich bin überzeugt, dass Fontane recht hatte und Wanderungen durch die Mark das Schönste sind. Seit diesem Tag liebe ich die Kälte.

PS: Das wunderschöne Kloster Chorin wurde im 13. Jahrhundert gegründet und im 19. Jahrhundert durch Schinkel vor dem Verfall gerettet. Das großartige Baudenkmal lohnt sich sehr für eine ausgiebige Besichtigung. Übrigens: Das Café hat mittlerweile geöffnet, versprochen!

Das Kloster kostet inzwischen Eintritt. Das empfehlenswerte Klostercafé wird vom Ökodorf Brodowin betrieben und verwendet beste Bio-Zutaten.

76

Kolonisten-Kaffee Neulietzegöricke
Neulietzegöricke 78
16259 Neulewin-Neulietzegöricke
0162 2140221
www.kolonisten-kaffee.de

Theater am Rand
Zollbrücke 16
16259 Oderaue
https://theateramrand.de

WO DIE SONNE AUFGEHT

Oderbruch und *Kolonisten-Kaffee* in Neulietzegöricke

Das Oderbruch, das kürzlich als Europäische Kulturerbestätte ausgezeichnet worden ist, liegt von Berlin aus gesehen zwar nicht gerade ums Eck, ist aber meiner Ansicht nach eine der spannendsten Landschaften in Brandenburg. Das Feuchtgebiet (das Bruch) wurde erst durch Menschenhand entwässert und für die Landwirtschaft nutzbar gemacht, die Oder begradigt und eingedeicht. Heute wird darüber diskutiert, an einigen Stellen die Begradigung rückgängig zu machen und wieder Überflutungsgebiete anzulegen, denn die schlimmen Oderhochwasser der letzten Jahrzehnte haben gezeigt, mit welcher Kraft die Natur zurückschlagen kann, wenn man versucht, sie zu bändigen.

Wenn Sie schon einmal dort sind, vielleicht weil Sie den schönen Oderradweg fahren oder die kleinen Dörfer oder den Kulturhafen Groß Neuendorf besuchen wollen, sollten Sie dem *Kolonisten-Kaffee* in Neulietzegöricke einen Besuch abstatten. Die Ortschaft gilt als das erste der Kolonistendörfer, in denen sich unter dem Alten Fritz angeworbene Deutsche, Österreicher und Schweizer im 18. Jahrhundert ansiedelten. Neulietzegöricke ist vor allem eines der schönsten Dörfer, mit seinen vielen restaurierten Fachwerkhäusern steht es heute komplett unter Denkmalschutz.

Den Wasserabzugsgraben im lang gestreckten Dorf kann man noch erahnen, auch wenn dieser mittlerweile kaum mehr Wasser trägt. Im Zentrum: Das *Kolonisten-Kaffee*, genauso niedrig wie die anderen alten Häuser der Ortschaft, mit bunten Fensterläden und Türen, grünen Zäunen und vielen Blumen im Vorgarten. Bei Kaffee und selbstgemachtem Kuchen kann man im Vorgarten sitzend darüber sinnieren, wie es sich wohl anfühlt, hier zu leben. Wo die Zeit scheinbar ein bisschen stehen geblieben ist. Oder wie die Neulietzegöricker sagen: »Da, wo die Sonne aufgeht.«

Im nahe gelegenen *Theater am Rand*, betrieben von Schauspieler Thomas Rühmann und Musiker Tobias Morgenstern aus Berlin, gibt es spannende Musikaufführungen, Theater, Drama und Kunst.

77

Kulturhafen Groß Neuendorf
Hafenstraße 1A
15324 Letschin-Groß Neuendorf
www.verladeturm.de

Naturerlebnishof Uferloos
Deichweg 9
15324 Letschin-Kienitz
033478 38976
www.uferloos.de

TRAUMHAFTE AUSSICHTEN

Kulturhafen Groß Neuendorf

Ganz weit im Osten auf dem Oderradweg entlang der polnischen Grenze hatte ich nicht viel erwartet. Einen Deich, eine Fahrradstrecke, die Oder. Den Kopf freipusten lassen.

Als ich das erste Mal die Strecke von Küstrin-Kiez nach Groß Neuendorf fahre, bin ich von der Fülle an Angeboten überrascht: Hier ein Kunst-Café, dort eine Fischräucherei, ein Kreativhof, ein Eisladen. Wer all die feinen, kleinen Highlights besuchen möchte, kommt schwer in Zeitnot.

Zum Übernachten habe ich mich im sehr schlichten und traumhaft schönen Oderwaggon eingemietet, mit direkter Aussicht auf die Oder. Drei Waggons dieser Art stehen am Kulturhafen Groß Neuendorf, an dem früher die Oberbruchbahn entlangfuhr. Das ganze Ensemble wurde aufwendig saniert, der alte Getreideturm beherbergt heute ein kleines Café mit Aussicht und darüber eine Ferienwohnung (mit noch viel schönerem Ausblick). Die Waggons komplettieren den alten Hafen. Sie haben zwar keine Heizung, aber sehr gemütliche Betten. Zwei riesige Fenster bieten sowohl vom Esstisch wie vom Bett aus eine direkte und traumhafte Sicht auf die Oder. WLAN ist inklusive, ein Bad mit Toilette gibt es nebenan in einem kleinen Gebäude – aus Schutzgründen im Überschwemmungsgebiet, denn der Deich befindet sich hinter den Waggons.

Wer es etwas komfortabler mag, mietet sich im alten Maschinenhaus ein Zimmer. Nachmittags gibt es an der Bar Getränke, am Abend ein Tagesgericht in vegetarischer und nicht vegetarischer Variante – eine Lösung, um bei geringer Besucherzahl dennoch etwas anbieten zu können. Die ehemalige Förderbrücke zum Maschinenhaus wurde zur Aussichtsplattform. Von hier aus ist der Blick auf die Oder am frühen Abend besonders schön, wenn sie wieder mal in goldenem Licht schimmert.

Unbedingt auf dem nahe gelegenen kreativen Ferienhof *Uferloos* auf einen Kaffee und Kuchen vorbeischauen.

78

Hotel Strandhaus
Boutique Resort & Spa
Ernst-von-Houwald-
Damm 16
15907 Lübben (Spreewald)
03546 7364
www.strandhaus-
spreewald.de

IM HERZEN DES SPREEWALDES

Hotel Strandhaus Boutique Resort & Spa

Lübben sagt den meisten Berlinern erst einmal nichts. Das ist erstaunlich, denn der kleine Ort im Herzen des Spreewaldes ist gerade mal eine Bahnstunde von Berlin entfernt.

Wenn mich jemand fragt, wo man im Spreewald am besten übernachtet, empfehle ich gerne das Strandhaus genau im Nadelöhr zwischen Ober- und Unterspreewald. Die Flusslandschaft des Spreewaldes ist hier zwar etwas weniger verzweigt, dafür herrscht viel mehr Ruhe als im trubeligen Lübbenau, wo die meisten Touristen hinfahren. Zudem residiert man in einem der besten Hotels mit unglaublich leckerem Essen und einem herrlichen Frühstück, zu dem die Empfehlungen und Nachrichten des Tages mit einer kleinen Sagengeschichte als Minizeitung gereicht werden. Unter dem früheren Namen *Strandkaffee* existiert das Haus schon seit 1929 und wurde glücklicherweise von der Familie Karl aus Bayern wiederbelebt, umgebaut und erweitert. Das Restaurant, die Zimmer und Suiten sind ein gelungener Mix aus bayerischer Gemütlichkeit, Spreewaldtradition und modernem Chic.

Die große Terrasse direkt am Fließ lädt zum Verweilen ein, direkt gegenüber kann ein Kanu ausgeliehen werden. In der kühleren Jahreszeit gibt's hingegen eine Glühweinkahnfahrt und die Wonne des kleinen, aber sehr feinen Spa- und Saunabereiches. Der Trumpf: Die »Ruhewürfel«, die wie eigene kleine Tiny Houses am Wasser stehen und ursprünglich nur als Notlösung während eines Umbaus dienten.

Gleich nebenan liegt die Schlossinsel, eine Trümmerinsel, die umgestaltet und mit eigenen kleinen Kanälen, einer Badestelle und einem Wasserspielplatz versehen wurde. Vom Strandhaus führt eine Brücke auf die Insel, sodass hier direkt losspaziert werden kann. Ein wahrhaft zauberhafter Ort.

Das Strandhaus ist oft ausgebucht. Probieren Sie es in der Wintersaison, da ist meiner Ansicht nach der Spreewald ohnehin viel schöner.

79

Spaziergang durch die Altstadt
Startpunkt: **Tourismusinformation Luckau**
Kulturkirche Nonnengasse 1
15926 Luckau
03544 1299714
www.luckau.de

Konditorei Klinkmüller
Lange Straße 18
15926 Luckau
03544 2079
www.konditorei-klinkmueller.de

VON TÖRTCHEN UND MESSEN

Spaziergang durch die Altstadt

Natürlich können Sie allein wegen der perfekten kleinen Törtchen der Konditorei *Klinkmüller* nach Luckau kommen, doch dann würden Sie viel zu viel von einer der hübschesten Städte Brandenburgs verpassen.

Ein Rundgang um die fast vollständig erhaltene Stadtmauer aus dem 13. Jahrhundert führt am *Napoleonhäuschen* vorbei, in dem der französische Kaiser vor rund 200 Jahren übernachtete. Der Hausmannsturm mitten auf dem Marktplatz eröffnet einen wunderbaren Blick über die barocken Giebelhäuser aus dem 17. Jahrhundert, den Schlüssel bekommen Sie bei der Stadtverwaltung nebenan. Die Stadt ist dabei, den Marktplatz möglichst autofrei umzubauen, um Cafés und Sitzgelegenheiten zu schaffen. Einen Treffpunkt gibt es hier bereits: Den *Ratskeller*, der in einem mittelalterlichen Gewölbekeller vorzügliche Speisen anbietet. Er ist auch Versammlungsort nach der Weihnachtsmesse, die in der Kirche Sankt Nikolai am 25. Dezember um sechs Uhr früh wie im 14. Jahrhundert gefeiert wird. Ich habe mich einst in das Gotteshaus mit seinem barocken Inneren, den alten Logen und dem zauberhaften Klang der Donath-Orgel so verknallt, dass ich hier tatsächlich einmal Weihnachten gefeiert habe, obwohl ich überhaupt nicht religiös bin. Hunderte Kerzen erleuchten die Kirche während der Messe, sie ist trotz der frühen Uhrzeit bis zum Anschlag gefüllt, und es ist wunderschön, den alten Gesängen zu lauschen.

Wenn Sie nach dem Streifzug durch die Stadt noch Lust und Zeit haben, besuchen Sie das nahe gelegene Märchenschloss Fürstlich Drehna und Sielmanns Natur- und Erlebniszentrum Wanninchen.

Mit den Öffentlichen kommen Sie am besten vom Bahnhof Lübben mit dem Bus 472 nach Luckau.

80

Burg Eisenhardt
Wittenberger Straße 14
14806 Bad Belzig
033841 94900
www.burgeisenhardt.de

HART GEGEN EISEN

Burg Eisenhardt

Erst nach vielen Jahren dämmerte mir, dass Brandenburg an fast jeder Ecke spannende Geschichte zu bieten hat, die sich in vielen Kirchen, Schlössern, Gärten und Freiluftmuseen widerspiegelt, und man an jeder dritten Ecke uralte Gemäuer anfassen kann. Und Burgen.

Eine davon liegt im beschaulichen Bad Belzig, dessen verwinkelte Gassen, Fachwerkhäuser und Kopfsteinpflaster historische Wurzeln erahnen lassen. Urkundlich wurde die Burg vor über 1.000 Jahren erwähnt, lange vorher stand hier bereits eine Slawenburg, wie Ausgrabungen nachweisen konnten. Durch verschiedene herrschaftliche Vorstellungen, Auseinandersetzungen und Kriege wurde die Burg mehrfach beschädigt, teilweise zerstört, saniert und erweitert. Die Slawen herrschten hier, bis im 12. Jahrhundert Albrecht der Bär Brandenburg zurückerobern konnte. Im 13. Jahrhundert wiederum fiel sie an das Herzogtum Sachsen. Ihr endgültiges Aussehen erhielt sie vermutlich im 15. Jahrhundert, musste allerdings im 17. Jahrhundert stark saniert werden, nachdem schwedische Truppen im Dreißigjährigen Krieg Teile der Burg zerstört hatten. 1815 wurde die Burg in Folge des Wiener Kongresses preußisch. Die Burg hat viele Kriege gesehen und der Name Eisenhardt, den sie im 15. Jahrhundert bekam, bedeutet folgerichtig »hart gegen Eisen«.

Wie aus einem der alten Ost-Märchenfilme entsprungen, thront sie, errichtet aus Feldsteinen und roten Ziegelsteinen, auf einem Hügel und trägt bauchig ihre Artillerierondelle vor sich her. Mitten im Hof wacht ein eindrucksvoller, 24 Meter hoher Bergfried, von dem man eine herrliche Aussicht auf die Stadt und das Umland hat. Von hier aus konnte man auch die Bevölkerung im Jahre 1530 gut beobachten, wie sie zur Marienkirche strebte, wo schon Martin Luther predigte.

Belzig bekam erst 2010 den Zusatz »Bad«, als das Solebad der Stadt erschlossen und die Therme Bad Belzig eröffnet wurde, die ich für einen Besuch sehr empfehlen kann.

Einen herrlichen Ausblick bieten die Oderwaggons in Neuendorf

WEITERE LIEFERBARE Lieblings-plätze

ISBN 978-3-8392-0044-5
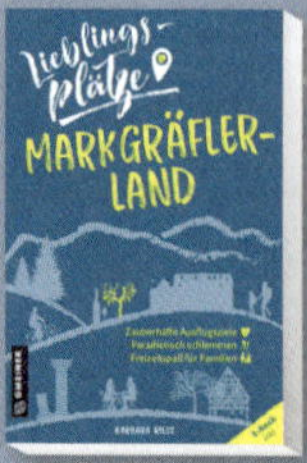

ISBN 978-3-8392-2730-5

ISBN 978-3-8392-2613-1
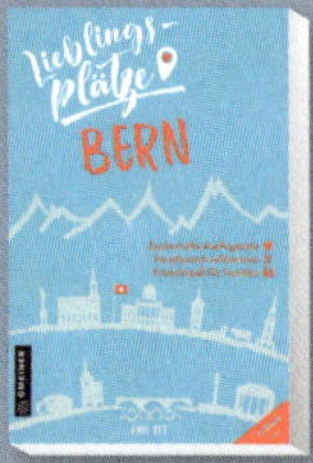

ISBN 978-3-8392-2837-1

ISBN 978-3-8392-2616-2

ISBN 978-3-8392-2632-2

ISBN 978-3-8392-2733-6
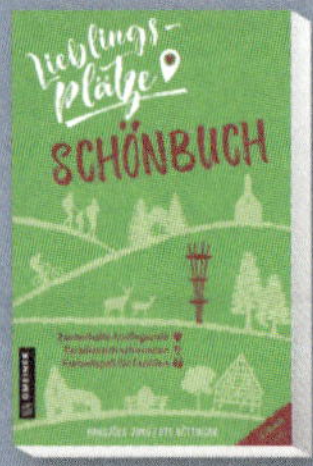

ISBN 978-3-8392-2731-2

ISBN 978-3-8392-2732-9

ISBN 978-3-8392-2628-5

ISBN 978-3-8392-2621-6
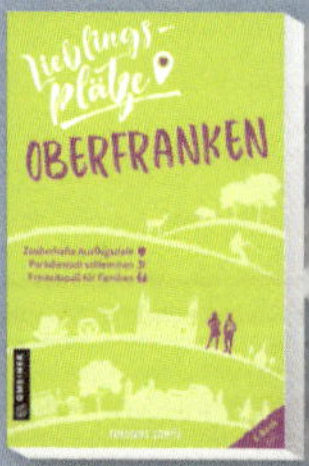

ISBN 978-3-8392-2885-2

ISBN 978-3-8392-2625-4

ISBN 978-3-8392-2838-8

ISBN 978-3-8392-2630-8

ISBN 978-3-8392-2631-5

ISBN 978-3-8392-2928-5

ISBN 978-3-8392-2929-3

ISBN 978-3-8392-2932-3

ISBN 978-3-8392-2931-6

ISBN 978-3-8392-2925-5

ISBN 978-3-8392-2622-3

ISBN 978-3-8392-2619-3

ISBN 978-3-8392-2618-6

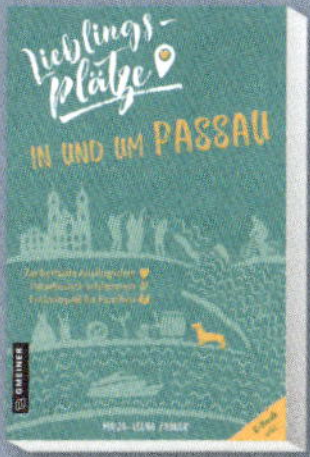

ISBN 978-3-8392-2615-5

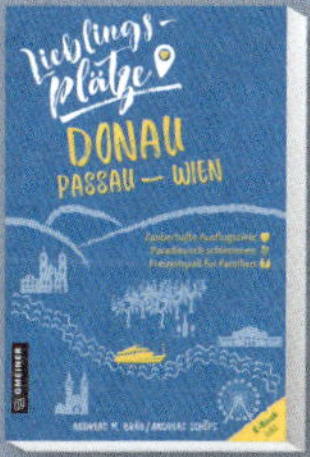

ISBN 978-3-8392-2629-2

ISBN 978-3-8392-2734-3

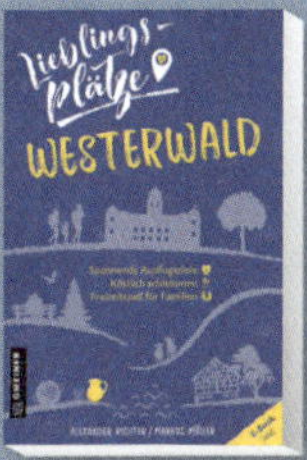

ISBN 978-3-8392-2627-8

ISBN 978-3-8392-2617-9

ISBN 978-3-8392-2635-3

ISBN 978-3-8392-2633-9

ISBN 978-3-8392-2012-4

ISBN 978-3-8392-2405-2

ISBN 978-3-8392-2614-8

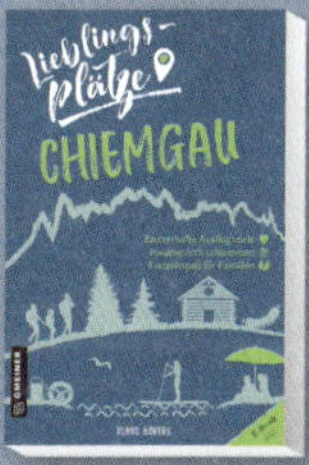

ISBN 978-3-8392-2839-5

ISBN 978-3-8392-2624-7

ISBN 978-3-8392-2623-0

ISBN 978-3-8392-2611-7

ISBN 978-3-8392-2545-5

ISBN 978-3-8392-2620-9

ISBN 978-3-8392-2634-6

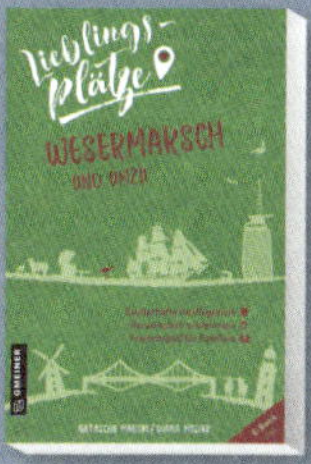

ISBN 978-3-8392-2927-9

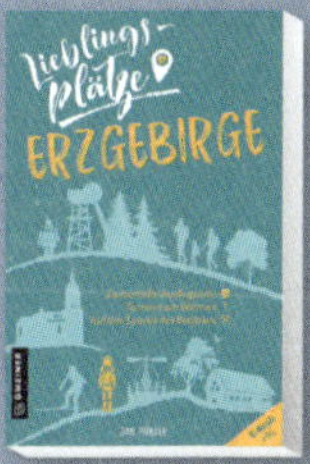

ISBN 978-3-8392-2926-2

ISBN 978-3-8392-2924-8

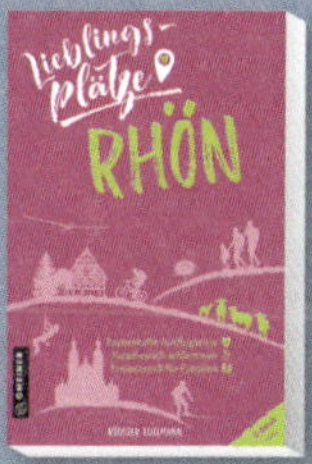

ISBN 978-3-8392-0043-8

Inka Chall
Lieblingsplätze Spreewald
192 Seiten, 14 x 21 cm
Klappenbroschur
ISBN 978-3-8392-2629-2
€ 17,00 [D] / € 17,50 [A]

Über tausend Kilometer Flussläufe und Wasserwege führen durch eine einzigartige Natur- und Kulturlandschaft – schon Theodor Fontane wusste um die Schönheit des Spreewaldes. Damals wie heute schippern die Gäste auf Holzkähnen durch das Venedig Brandenburgs und erkunden das Biosphärenreservat, in dem niedersorbische Kultur auf Moderne trifft. Entspannen Sie nach einer traditionellen Hefeplinse unter Palmen, kosten Sie einen originalen Spreewald-Whisky oder lernen Sie alte Sagengestalten kennen. Leinen los und hinein ins grüne Paradies!

GMEINER